독립운동가 국경을 넘어 숨을 만나다 3

독립운동가
국경을 넘어 숨을 만나다 3

姜笑耳(미경) 수필집

엠-애드

| 책을 내면서 |

여행은 편안하고 익숙한 곳을 버리고, 불편하고 낯선 곳으로 자신을 내려 놓는 일이다. 불편하고 낯선 곳에서 낯선 풍경과 낯선 역사를 보면서 자신을 반추하고 새롭게 거듭나는 일이다.

이 책은 블라디보스토크, 우수리스크, 상해 등 연해주와 중국을 다녀와서 쓴 여행기들이다. 그뿐만 아니라, 연해주를 중심으로 활동했던 독립운동가들과 관련된 국내 유적지도 아울러 답사한 후 쓴 여행기를 묶었다.

조선을 떠나 연해주와 중국 등지에서 독립운동을 펼친 선열들의 삶을 따라가 보는 여행기가 될 것이다.

유적지 답사만으로는 이해가 부족하여, 관련 서적을 탐독 후 여행기를 완성했다. 여정-견문-감상의 기행문의 면모 중에서 견문 부분은 유적지에 대한 역사적인 고증에 의한 객관적인 사실을 근거로 기술했다. 일반적인 역사서나 독립운동가 연구서는 천편일률적으로 딱딱하고 무거운 역사적 사실의 나열들이다. 읽어내려가기가 지루하고 힘겨운 경우가 대부분이다. 독자들이 좀 더 서정적으로 공명(共鳴)하고, 독립운동가의 숨을 함께 호흡하는 게 바람직하다는 생각이다. 하여 여정과 감상 부분을 서정적으로 묘사하려고 노력했다.

독립운동가를 기리는 일은 매우 고귀한 일이다. 어둡고 무거운 이야기로 외면되기 쉬운 독립운동가들의 역사유적지를, 한 사람이라도 더 공명하도록 시인의 감수성으로 지은 시(詩)와 여행지에서 찍은 사진을 함께 실었다.

우리가 외면해서도 잊어버려서도 안 되는 근대사 ― 일제강점기의 역사의 현장을 둘러보는 일은 가치 있는 일이라 믿는다. 독자들이 독립운동가의 숨을 찾아가는 여행에 동참해주길 바라는 마음 간절하다.

멀리 헤이그, 만주 벌판과 연해주, 중국 상해 등에서
혹한의 시련 속에서
헐벗고 굶주려가며 나라를 찾느라 고생하신
위대한 숨들에게 이 책을 바친다.
「독립운동가, 숨을 만나다 1」, 「독립운동가, 숨을 만나다 2」에
이어 세 번째 책이다.

국경을 넘어, 달맞이꽃 ―소원을 찾아 떠났던 숨들의 불꽃.
장엄한 역사의 기적 소리가 시간의 궤도를 달린다.

독립문 창가에서
2021. 5. 10 시인 姜笑耳

1부

2부

3부

4부

병든 이 몸은 작기만 한데,
휘날리는 범선은
만 리 길이 가볍구나

독립운동가를 찾아서 1부

1. 블라디보스토크역에서 열차를 타며
2. 늦여름 춘천에서 만난 유림 - 의암 류인석 선생의 선택
3. 춘천 겨울 여행 - 백설 속에 류인석 선생과 윤희순 의사
4. 총을 든 춘천 아낙네 - 윤희순 의사
5. 하얀 저고리와 수저 한 벌 - 김마리아 회관에 다녀와서
6. 김마리아 선생의 탈출

블라디보스토크 역에서 열차를 타며

블라디보스토크 해변에 위치한 숙소는 정결했다. 블라디보스토크에 도착한 여행 둘째 날, 아침 일찍 우리는 시내 중심에 있는 블라디보스토크 역을 찾아갔다. 흐린 날씨 때문인지 역 풍경은 아침 공기 속에 차분해 보인다.

시베리아 횡단 열차의 동쪽 끝, 종착역이라는 말답게 고즈넉한 풍취를 더하고 있다. 이 역에는 엘리베이터도 에스컬레이터도 보이질 않는다. 계단만 즐비해 보인다. 이 역에서 열차를 타고 서쪽으로 달리고 달리면 시베리아를 횡단하여 유럽으로 갈 수 있다.

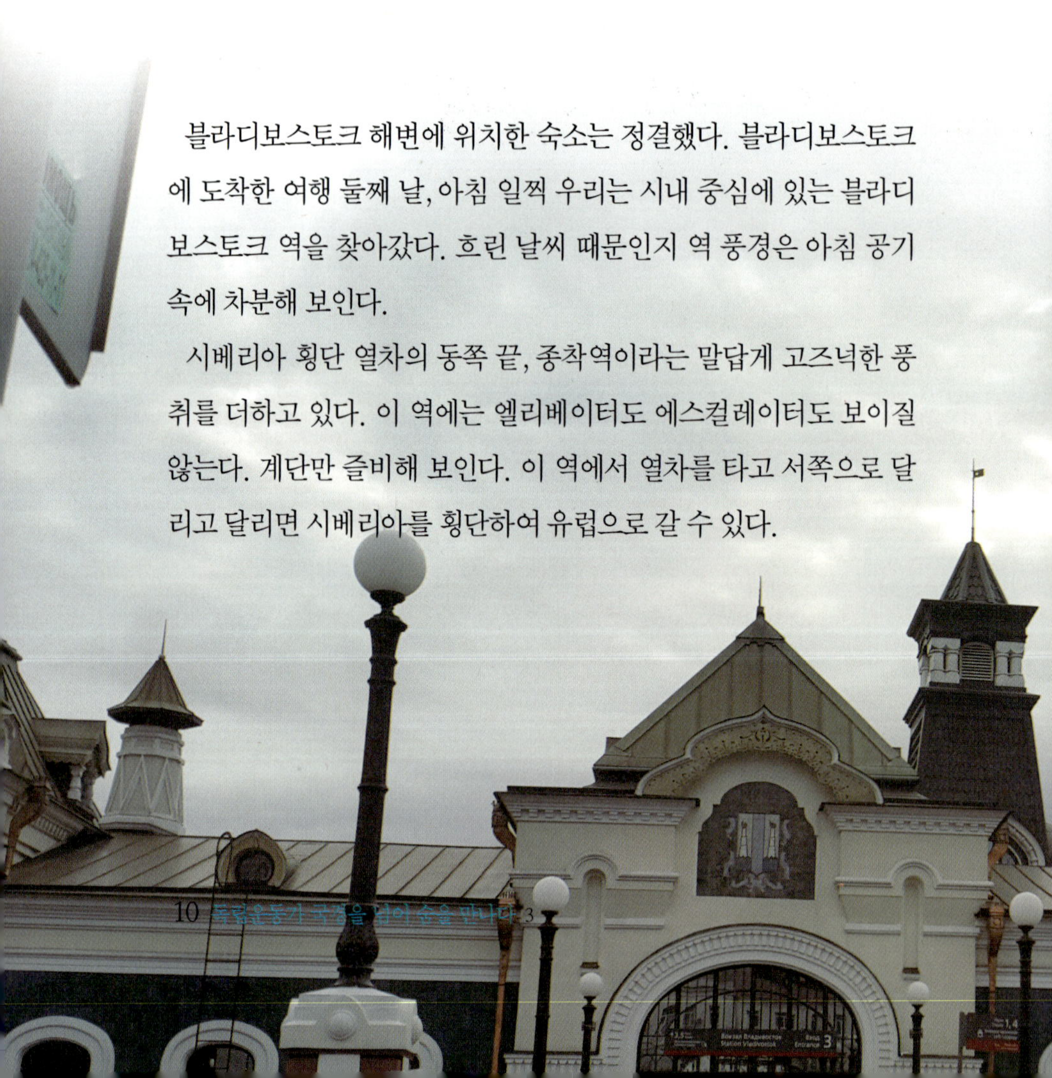

보름도 넘게 걸린다지만, 달리고 싶다. 횡단 열차에 몸을 싣고 자작나무 숲이 우거진 시베리아를 횡단하여 하염없이 가고 싶다. 여행은 떠나는 것이고, 여행은 자유하는 것이고, 여행은 탐색하는 것이다. 새로운 미지의 세계로 열고 나가 갇힌 동굴에서 벗어나는 것이다. 토굴을 뛰쳐나가는 것이다. 그렇게 뻗어 나가고 그렇게 달리고 싶은 질주의 욕망. 고대인들은 그곳에 갈기를 휘날리며 말을 달렸을 것이다. 말 대신 열차를 타고 달리는 것도 좋으리라. 그런데 그런 낭만적인 생각을 하는 것도 잠깐이었다. 이곳 블라디보스토크 역에 얽힌 세 가지 일들이 가슴을 파고들어 인두 자국을 빨갛게 내고 간다. 듣지 않았으면 좋았을 것이다. 그 역에 관한 우리 민족의 애환을 듣지 않았으면, 동화 같은 낭만에 젖어 달리고 싶은 욕망만 불태웠을지도 모른다.

그러나 남이 듣지 못하는 것을 듣고, 남이 보지 못하는 것을 보는 게 시인의 시선이라고 했던가? 무당 같은 신기가 아니라도, 이 역에서 안중근 의사가 하얼빈으로 가는 첫걸음을 떼었다는 걸 알고 있지 않을까? 그의 붉은 발자국은 역 어디에도 찾아볼 길이 없다. 110여 년 전에 있었던 일이었으니, 흔적의 먼지 한 톨. 모래 바퀴 하나 보이지 않는 것은 당연한 일일 테다.

먹먹해 오는 화인 같은 인두 자국이 마음을 누른다.

안중근. 안응칠. 독립운동가. 하얼빈 역에서 일본 총독 이토 히로부미를 저격하여 숨지게 했던 독립 영웅. 가난하고 의협심 넘치는 그에겐 권총 한 자루 변변한 게 없었다. 독립운동에 대한 굶주린 의협심만 활활 불타고 있었다. 그런 그의 뒤에서 물질적인 후원과 차표와 권총을 마련해 주고, 이토 히로부미를 저격할 알맞은 장소-하얼빈 역을 물색해 준 사람은 따로 있었다. 그의 뒤를 보아준 이-최재형 선생이었다. 연해주 대륙의 영웅으로 독립운동의 거장이지만, 거의 알려지지 않은 독립운동가였다. 1년 전에 나는 블라디보스토크 여행을 계획하며 여행 준비를 하다가 최재형 독립운동가에 대해 알게 되었다. 그에 관한 공부를 하다가 '대륙의 영웅 최재형' -이수광의 역사소설을 구해서 읽게 되었다. 562쪽이나 되는 긴 소설을 읽으면서 영화처럼 전율 넘치는 이야기를 묵도했다. 그리고 그 소설을 읽다가 알게 된 사실-오늘의 안중근 의사를 있게 한 것은 어쩌면 최재형 선생일지도 모른다는 사실에 놀라움을 금할 수가 없었다. 한 사람의 일대기를 알게 된다는 것은 어쩌면 무섭고 두려운 일인지도 모른다.

여러 가지 생각으로 발길을 옮겨 기차를 타기 위해, 계단을 내려가려 하자 기차 시간까지는 7분의 여유가 있다고 했다. 역 1층 로비에는 대형 마트료시카 인형-러시아의 '어머니 인형' 이 사람 키보다 더 큰 크기로 서 있다. 그곳에서 삼삼오오 기념사진을 찍으며, 몇 분 남는 시간에 급히 인형을 한 개씩 사 들고 우리는 기차에 올랐다. 세 명씩 앉을 수 있는 기차는 우리나라 무궁화 열차보다 더 열약한 느낌이었다. 기차에 발을 올려놓으려 하자 안중근 의사의 커다란 구두 발자국이 보이는 것 같다. 꼭 108년 전에 이곳에서 열차에 몸을 실었을 한 남자-안응칠이 생각난다. 그의 품에는 최재형 선생이 구해준 권총이 하나 숨겨져 있었을 것이다. 우리 품에는 급하게 산 러시아 목각 인형 하나씩이 들어 있었다. 인형 하나를 열면, 또 하나의 인형이 나오고, 또 열면 또 하나가 나오고…. 광활한 면적을 가진 덩치 큰 러시아 사람들이 그리 정교한 인형을 작게 또 작게 만들 수 있었는지? '다산多産' 을 기원하는 뜻이라고 한다. 셀 수 없는 별 만큼 사람이 많아지면 좋은 일일는지? 그날 우골라야 역으로 가는 횡단 열차는, 자작나무 숲이 광활한 시베리아를 달리고 싶은 욕망을 채워주지 못했다. 엉덩이가 풍만한 러시아 여성들이 열차에 많이 타고 있었다. 앉을 자리가 없는지 서 있는 사람들도 많았고, 열차의 낭만은 거의 찾아볼 수 없는 50 여분이 흘렀다. 운이 좋게 창가에 앉은 시인은 저게 아무르

강이라고 환호를 보내온다.

아무렇지도 않게 흐르는 아무르강. 자작나무 숲의 광대함은 보이지 않고 우리는 서둘러 열차에서 내려야 했다. 시베리아를 서쪽으로 횡단하면 유럽이 나온다는데, 우리는 블라디보스토크에서 북쪽으로 더 올라가 우골라야 역에서 내렸고, 그곳을 우수리스크라고 했다. 2017년 9월 12일에 그곳에 도착했을 때는 맑은 날씨여서 그랬는지, 햇살이 작열하게 대지에 내리꽂히고 있다. 햇볕이 따가워서 눈을 제대로 뜰 수 없을 정도였다. 초가을의 날 것의 햇살.

우리 일행은 우수리스크에 있는 29번 학교-김나지움 학교를 방문했다. 학생들이 계단에 양옆으로 서서 러시아 국기와 태극기를 들고 우리를 환영해 주었다. 러시아 전통 빵을 한국어 교사가 은쟁반에 받쳐 들고 우리를 환대한다. 빵을 뜯어 소금에 찍어 먹으라고 했다. 오후 2시쯤 되었던 것 같다. 나른한 오후 수업이 한창일 때 우리는 수업 참관을 하며 마음이 뭉클해 온다. 한국을 동경하며 한국어를 배우는 한국어 수업이 있다고 하니, 얼마나 감격스러운 일인지? 그곳에서 보여준 공연-초등학생들의 전통 무용과 노래 등을 관람한 후 우리는 고려인문화센터로 이동했다.

고려인-카레이스키. 먹을 것을 찾아 고향 땅을 버리고 러시아 연해주로 이동했던 조선 사람들. 그들이 따뜻하고 포근한 모국을 떠나 남의 나라를 찾아간 것은 단순히 먹을 것을 구하는 푸른 팔뚝의 구릿빛 슬픈 숟가락질만은 아닐 것이다. 고향 땅에서 힘겹게 곡괭이질을 하며 농사를 짓는 만큼만 고생하면, 노비도 상것이라는 천시도 없는 땅 -평등의 땅에서 배불리 먹을 수 있다-는 선택이었을 것이다. 그러나 그들의 선택을 혹한의 땅, 러시아-동토의 설원에서의 생활은 그리 녹록하지 않았다. 태어날 때부터 신분이 정해진 나라, 설움과 가난과 억압의 삶을 살아야 하는 그들에게는 누구나 평등한 나라에서 일한 만큼 하얀 쌀밥을 실컷 먹을 수 있다는 것만으로도 행복과 희망이었을지도 모른다. 젖과 꿀이 흐르는 가나안 땅-어머니의 젖가슴과 고향의 이팝나무처럼 하얀 쌀밥이 고봉으로 담긴 나라. 배우지 못한 그들은 노블레스 오블리주가 무엇인지는 알 수 없지만, 차별받지 않고 포만의 기쁨을 얻고 싶은 게 그들의 열망이었을 것이다. 그러나 블라디보스토크 역에서 그들은 짐칸-개, 돼지, 닭을 태우는 동물 칸에 태워져서 중앙아시아로 강제로 이주당해야 했다. 스탈린의 고려인들 강제 이주정책에 의한 것이었다. 나라라고 하는 지붕이 없는 고려인들에게 때려대는 폭비를 고스란히 맞아야만 했으리라. 가슴이 먹먹해 온다. 그들 까레이스키들이 러시아 국적을 갖고 러시아 여기저기에 흩어져 살면서, 그리워도 돌아오고 싶어도 돌아오지 못하는 고국을 얼마나 애타게 그리워했을지? 나라를 잃은 이들이 독립운동을 하기 위해 모여들었던 압록강 넘어 남의 땅, 러시아와 중국에서 일본과 혈전을 벌였던 이야기도 짧은 글로는 담아내기 힘들 것 같다.

전송

姜 笑 耳

1.
홍분이 일어난다
시베리아 횡단 열차만 생각하면

엘리베이터도 없는 동방의 끝,
블라디보스토크로 시곗바늘의 분침을 돌려
백 년 전의 엊저녁 너에게 카톡을 전송한다

2.
품에 부라우닝 M79299 권총 숨기고
하얼빈 열차에
발을 올려놓았을 111년 전의 그의 구두 한 켤레
입을 벌렸던 열차 문이 시간의 동공을 닫고,
부은 그의 발등을
긴 머리 여자 시인은 빨간 구두 자국을 밟는다
1세기 전으로
총 대신 이미지를 장전한 권총 방아쇠,
방아쇠 당기지 못했던 다리 저린 시인의 눈시울

3.
굶주린 열차에 태워진 누덕누덕 기운 신발들
쫓겨가던 횡단 열차
개, 돼지, 닭을 실었던 화물칸에
알집*으로 전송되었던 까레이스키들

아무르강 자작자작
자작나무 숲에 가려진 파일명 : "화려한 배고픔 길다"

* 알집 Archive (informatique) ; 압축파일

또한, 헤이그로 가기 위해 러시아 횡단 열차에 발을 올려놓았을 1907년도 이상설 선생과 이준 열사의 발자국도. 블라디보스토크역 어디에도 아무 표시도 되어있지 않지만, 블라디보스토크역 1층 로비나 역 입구쯤에 한글과 러시아어로 표지판 하나 세워두면 좋겠다. 러시아 정부의 협조를 받아, 그렇게 그들의 발자취를 그려주면 좋겠다. 네덜란드 헤이그로 먼 여정을 떠났던 이상설 선생과 이 준 열사의 발걸음을, 그곳을 찾는 한국인들도 러시아인들도 기억할 수 있게.

그리고 신께서 나에게 여행을 허락하신다면, 이상설 선생과 이준 열사가 함께 달렸을 시베리아 횡단 열차를 타고 자작나무 숲을 달리고 또 달리고 싶다. 나는 기차 타는 것을 좋아한다. 열차에서 무념의 나를 발견하고, 무념의 나를 찾는 여행 모티브를 얻고 싶다.

이어령 교수가 하신 말씀이 생각난다. "여행 모티브는 재생 모티브-원형(Archetype)입니다." 여행을 떠나기 이전의 무지의 자아가 죽고, 여행지에서 새로운 체험을 얻어 다시 살아난다는 재생 모티브가 곧 여행이다. 여행지에서 얻은 값진 체험들이 있어서, 진주처럼 영롱하게 엮을 수 있어서 고되어도 여행을 떠나는 것이다.

(2017.12.25)

시베리아 횡단 열차

姜 笑 耳

시베리아 벌판을 달리고 싶은
흑마들의 갈기

시린 벌판을 어기적거리며
시베리아 횡단 열차를 타고
창밖에 아무르강이 아무렇지도 않게 흐른다

촉촉하게 젖은 여인의 봉긋한 가슴팍을 풀어헤치고
젖줄 흐르는 가나안 땅 찾아
헤치고 굶주렸을 황톳빛 시베리아엔
배고팠던 강물

아무도 기억해 주지 않는
까레이스키들의 노을빛 눈물
노을도 비껴간 횡단 열차는 목이 마르다
간밤에 끊긴 연인의 전화선처럼

아무르강에 말없이 흐르는
바람의 뒤 꼭지

늦여름 춘천에서 만난 유림

— 의암 류인석 선생의 선택

1.

서울에서 출발하여 춘천으로 달리는 자동차 밖으로 산들은 초록이다. 가는 내내 여름 산이 무성하다. 여름이 뜨겁다. 경기도 가평에서 강원도로 넘어가자마자 의암의 기념관이 있다고 했다. 30년이 넘게 의병 연구하신 분에게서 의암 유적지에 관한 이야기를 들었었다. 일부러 찾아 나선 길이다. 여행에 대한 욕심은 언제나 기분 좋은 설렘을 준다.

춘천에 들어서서 충의대교를 왼쪽으로 두고 30분쯤 달리니 의암 유적지(춘천시 남면 가정리) 푯말이 보인다. 마을이 온통 산으로 둘러싸인 전형적인 강원도 산골이다. 길 양옆으로 초록의 논들이 펼쳐져 있다. 평화로운 시골풍경이다. 아무도 찾아올 것 같지 않은 한적한 논길을 달려 기념관에 도착했다. 주변이 조용하다. 기념관 뒤에는 산으로 둘러싸여 있고 기념관 앞에는 조용한 농촌 마을과 논이 전부다. 마을이라고 하기엔 민가가 그리 많아 보이질 않는다.

차에서 내렸을 때, 8월 뙤약볕 속으로 눈이 부시다. 목이 탄다. 고요한 침묵 속에 웅장한 모습으로 앉아 있는 넓은 부지의 기념관. 기념관에 들어서서 해설을 부탁했으나, 직원들은 모두 휴가 중인지 어르신 한 분이 기념관을 둘러보라고만 한다. 기념관에는 전시물들이 즐비하다. "의병" 이라는 낱말과 하얀 도포를 입은 의암 선생의 사진, 의암 선생의 의병활동 지도 등이 전시되어 있다.

둘러보고 사진을 찍었으나 100여 년 전 아득한 일들이다. 머나먼 과거 속에 옛이야기 같은 전시물들.

어르신은 기념관 한 옆에 있는 까만 비석을 보여준다.

"김구 선생이 1946년에 선생의 묘소를 찾아 올렸던 '친필고유문비' 입니다"

라고 했다. 비석은 직사각형을 옆으로 눕혀놓은 모양이다. 꽤 크다. 화강석 위에 비석을 올려놓았다. 김구 선생이 직접 쓴 제문의 전문全文을 돌에 새겨 놓았다.

"선생의 묘소도 저 위에 있으니, 여기까지 오신 김에 둘러보시지요"

하며 묘소로 안내한다. 비석에는 '의암류인석지묘' 라고 쓰여있다. 일행과 나는 묘 앞에 큰절을 올려드렸다. 수박색 원피스를 입고 있던 나는 맨다리로 절을 하느라, 무릎에 잔디가 깔끄럽다는 생각도 잊은 채, '이곳에 묻혀계신 의암 선생에 대한 호기심' 을 누를 길이 없다. 묘소는 둘레석으로 둥그렇게 둘려 있고, 묘소 왼쪽으로 묘비가 있고, 그 앞에는 상석이 있다. 묘소 둘레에는 돌로 울타리를 쌓았고 울타리에는 기와가 얹어져 있다. 예禮를 다하여 잘 정돈한 묘역이라는 생각이 든다. 묘역 오른쪽에는 선생의 사당이 있다. 기와지붕 밑에 단청, 선생의 영정과 위패…. 매년 4월 12일에 의암제가 성대하게 봉행 된다고 어르신은 덧붙인다. '1915년 1월 29일(음)에 돌아가셨는데, 의암제는 어째서 4월 12일에 지낼까?' 라는 의문이 든다. 사당 앞쪽으로 의병수련관이 있어서 청소년들이 와서 의병에 대한 교육을 받는다고 어르신은 힘써 강조하신다. 의병수련관 앞에 화강석 돌비석 4개가 세워져 있다. "애국愛國","애도愛道", "애신愛臣","애인愛人"

기념관을 나와 춘천 시내로 다시 들어가려는데, "윤희순 의사 유적지" 라는 표지판이 보인다. 뜻하지 않은 보물을 발견한 기쁨으로 100여 미터 오른쪽으로 들어가니, "윤희순 의적비"와 "윤희순 의사의 노래비"가 서 있다. 민가 옆에 세워진 두 개의 비석을 보면서 '이분이 누구시지? 이분에 대해서도 글을 써야겠다' 라는 생각이 든다.

남면 가정리 논길을 뒤로하며 고속도로에 접어들어 집으로 향하면서, 수필 두 꼭지를 쓰고 싶은 마음으로 설레었던 2016년 여름.

집에 오자마자 의암 선생과 윤희순 선생 평전을 구입했으나, 책꽂이에 꽂아둔 채 5년이 지나고 말았다. '쓰고 싶다' 라는 초심은 다른 일들로 인해 저만치 미루어졌다. '여행기를 써야지' 하는 마음은 춘천에 대한 기억과 함께 까마득히 잊혀졌다. 몇 년이 지나니, 꽂아둔 책도 찍어두었던 사진도 어디로 갔는지 길 잃은 미아가 되어버렸다. 춘천을 다녀왔다는 기억과 거기서 보았던 장면들만 기억 너머에서 손짓하고 있다.

우당 이회영 선생, 보재 이상설 선생에 대한 글을 쓰면서 중국과 만주 지방으로 망명했던 독립 운동가 중에 우뚝 서 계신 의암 선생을 다시 발견했다. 사진을 잃어버렸으니, 다시 찾아가야 한다. 게으른 여행답사기를 5년 만에라도 완성해야겠다는 마음이 인다. 다시 춘천에 찾아가기로 했다(2020년 8월). 기념관은 5년 전과 똑같은 모습이다. 이번에도 의암 선생 묘소에 절을 올렸다.

"류인석 선생님, 고생 많으셨습니다."

의암 류인석 기념관

2.

조선 후기에 양명학과 실학도 들어왔으나, 그런 학문을 성리학에서는 이단시했다. 공자의 가르침만을 옳다고 여기던 성리학은 임금에 대한 군신유의君臣有義를 으뜸으로 여겼다. 류인석 선생은 화서 이항로 선생의 문하생이 된다. 이항로 선생의 화서 학파는 벼슬길에 나가는 것을 꺼리며, 학문연구와 후학 양성에만 힘썼으나, 우암 송시열의 계보를 잇는 공자公子 신봉자들이었다. 송시열 계열은 노론의 뿌리가 되었다. 당쟁에서 노론이 번번이 득세했고 출세는 노론 쪽의 것이 되었다. 그런 입신양명을 거부하고 시골에 파묻혀 공자의 가르침만을 연구하던 유학자 이항로가 세상을 떠난다. 그리고 의암 선생은 화서 학파의 학맥을 잇는 수장이 된다.

화서 이항로의 학맥은 존화양이存華攘夷, 위정척사尉正斥邪였다. 중국(명나라)을 존중하고 오랑캐(서양세력, 일본)를 물리치는 것이 정도正道이며 사악한 것을 물리치는 길이라고 믿었다. 대원군은 이항로의 존화양이, 위정척사 사상을 받아들여 전국에 척화비를 세운다. 강화도로 쳐들어오는 프랑스[1]와 미국함대[2]를 물리친다. 개항을 요구하던 서양세력을 오랑캐의 침범으로 간주하여 화친을 거부하게 되는 배후의 명분 사상이 된다.

---

1) 병인양요 : 1886년, 프랑스 함대가 강화도에 침범한 사건. 양헌수 장군(이항로의 제자)이 정족산성에서 물리침

2) 신미양요 : 1891. 조선을 개항시키려고 미국함대가 강화도에 침범한 사건.

그러나 그 시대, 병인양요, 병자 수호조약, 명성황후시해사건, 단발령, 군대 강제해산 등이 일어나자 민심은 일본에 대한 분노로 들끓기 시작했고 전국에서 의병이 일어난다. 안창 의병, 제천 의병이 일어난다. 제자들은 의암 선생에게 영월과 춘천 의병장이 되어 주길 간청한다. 화서의 문하생들과 상인, 농민, 천민, 포수 등이 참여하여 의병진이 형성된다. 유교를 국본으로 삼던 시대에 유교에 반하는 서양세력과 일본에 대한 적개심은 의암 선생을 행동하는 학자로 만들었는지도 모른다. 화서 학파의 유교 사상은 관념이다. 그런 관념적인 학문-신념을 의암 선생은 행동으로 옮기는 결단을 내린다. 군사 일을 전혀 모르던 書生이 의병장이 된 것은 획기적인 선택이 아닐 수 없다.[3] 그리고 그 선택은 그를 편안하게 서책이나 넘기고 있는 학자로 머물지 못하게 했다. 3,000여 명의 의병을 휘몰아 제천, 청풍, 단양 등지를 점령하고 충주성[4]까지 점령했으나 제천에서 패한다. 황해도와 평안도로 이동하여 평안도 운산에서 마지막 전투를 승리로 이끌었으나, 국내에서의 의병활동은 막을 내린다. 친러정부의 의병 해산 명령을 피해, 의병들을 이끌고 압록강을 건너 중국 회인현 사첨자에 도착하였으나, 중국은 조선의 의병을 받아주지 않는다.[5] 3000명 의병에서 240명으로 줄어든 의병들은 무기를 버리고 해산할 수밖에 없게 된다. 심양, 요동의 오도구에 정착한다.

---

3) 1895년. 영월에서 을미의병의 의병장이 됨.

4) 친일군대가 장악해 있던 충주성 점령(196. 1.05)

5) 조선인들이 무기를 들고 중국 땅에 들어올 수 없다는 쉬번위(서본위)의 저지 때문이었다.

유인석 의병장 국내외 활동도

성명회

순국 100주년 기념 어록비

3.

현대 사회에서도 기독교를 신봉하는 이들은 날마다 새벽잠을 포기하고 새벽기도에 나가서 자신의 소원을 빈다. 불교 신자들은 불당을 찾아가 108배를 올린다.

2020년 1월에 자카르타에 여행을 간 적이 있었다. 새벽 4시 반, 낮 3시, 오후 7시가 되면 온 도시가 떠나가듯이 기도 소리가 들린다. 이슬람교도들은 길을 가다가도 그 시간이 되면, 성전을 향해서 엎드려 기도를 올린다. 뭔가 알아들을 수 없는 큰 소리로 온 도시가 들썩인다.

그런데 의암 선생도 중국인들이 이해하지 못할 일을 하셨다고 한다. 통화현 오두구에 의병기지를 선정해 놓고, 산기슭에 망국단을 쌓은 뒤 공자의 묘를 향해서 절을 올리며, 아침 저녁으로 기원을 했다고 한다.

"명성황후 시해, 나라를 빼앗긴 원수를 갚고, 소중화小中華인 조선을 회복시켜 달라"는 기원이었다. 공자公子의 혼魂에게 드리는 기도였다.

조선을 소중화小中華로 여기는 것은 대중화大中華-중국에 대한 사대事大의 예禮-중국의 속국으로서의 예를 지키려 하는 태도였으리라.

다윈(Charies Robert Dawin)의 사회진화론의 지지를 받고 제국주의가 온 세계를 뒤덮던 시대였다. 열강의 침략 앞에 먹잇감으로 놓인 조선의 이념, 유교 철학을 부여잡은 마지막 등불이었다. 이주해오는 조선인이 사는 곳에서 향약鄕約을 조직하고 강학 활동을 하며 황무지를 개간하며 의병 기지를 건설했다. 그러나 공자가 태어난 중국 땅에서도 의암 선생은 쫓겨나야 했다. 1900년, 일본제국을 반대하며 외국인을 추방하는 의화단의 난 때문이었다.

할 수 없이 귀국한 의암 선생은 황해도와 평안도에서 존화양이, 위정척사 사상을 강회[6]하며 국권 회복에 힘쓰다가 8년 만에 다시 연해주로 망명한다(1908년). 1909년 안중근 의사가 하얼빈역에서 이등방문을 처단하는 쾌거가 있었다. 그 후 연해주와 북간도의 의병활동이 탄력을 받아 더욱 활발해졌다. 그러나 의병들 사이에서도 신분이나 출신 지방들을 놓고 다툼과 알력이 일기 일쑤였으므로, 의병들의 정신과 의기투합을 위해 의병 규칙 및 관일약[7]을 만들고 '13도의군'을 조직했다. 약 4000여 명의 도총재로 의암 선생이 추대되었다. 1910년 8월 24일, 일제가 조선을 병탄한다는 소문을 듣고 조선 병탄을 규탄하고 무효를 선언하기 위해 '성명회'를 조직했다. "합방 무효를 선언하는 전문과 선언서"를 작성하여 8,624명이 서명한 선언문을 일본과 서양 열강들에게 발송하였으나, 1910년 8월 29일 일본은 조선을 탈취하였다. 의암 선생과 의병들의 활동이나 성명회 선언서는 미국과 일본의 가쓰라-테프트 밀약과 같은 조약 앞에서는 아무 힘을 쓰지 못했다. 이후 의암 선생의 실제적인 항일 구국운동은 막을 내렸고, 러시아 운산에 숨어 「우주 문답」을 저술했다.

6) 강회 때마다 수백 명, 수천 명씩 모였으며, 이 시기에 이진용, 백삼규와 같은 의병장을 길러냈다.

7) 1909. 의병장 유인석이 연해주에서 항일의병 세력을 결속하기 위해 시도한 향약 형태의 조직 체계.

의암 선생의 군왕, 고종은 일제에 의해 강제로 폐위되고, 1919년 일본에 의해 시해되었다. 나라도 망했다. 군신유의君臣有義)면에서 선생의 존재 의미가 사라졌다. 「의암류인석자료집」 II를 넘기다 보니, 선생이 숨어지냈다는 동굴(팔왕동) 사진(224쪽)이 있다. 세상의 중심이 중국이라는 중화사상中華思想-사대의 예를 갖추어야 한다는 소중화小中華의 유림은 그렇게 연해주 동굴 속에 숨어지낸다.

달나라로 여행을 다니는 21세기에 의암 선생과 화서 이항로 선생이 신봉했던 존화양이, 위정척사의 신념은 무엇으로 존재하고 있을까?

4.

춘천에서 서울로 오는 고속도로에 차들이 즐비하다. 자동차도 서양에서 들어온 서양문물이 아닌가? 피곤을 풀기 위해 고속도로 휴게소에 들러 내가 좋아하는 까페라테 커피를 주문했다.

커피를 마시는 내내 강원도 시골에 누워계신 의암 선생의 묘소 풍경이 눈에 아른거린다. 의병을 일으켜 의병장이 되고, 제천에서부터 서북쪽으로 이동하여 압록강을 건너며 구국운동을 했던 의암 선생. 연해주에서 13도의군 도총재가 되어 의병을 통합하며 구국운동에 힘썼던 고단했을 그의 인생 여정을 생각해 본다. 의암 선생이 막아 내고 싶었던 게 무엇일까? 선생이 그렇게 배척하려 했던 서양세력은 이 땅에 들어와 우리의 문화를 점령하고 있는 것은 아닌지? 서울엔 몇백 m마다 커피집이 즐비하다. 그것도 한글 간판은 찾아보기가 힘들다.

커피집 간판들조차 영어 알파벳으로 적혀있다. 제과점 간판들, 약국 간판, 옷가게 간판들도 마찬가지다. 우리의 자존은 어디로 갔는지? 물론 의암 선생이 지키려 했던 게 한글은 아니었다. 의암 선생은 한자漢字를 사용해서 상소를 올렸고, 한자漢字를 사용해서 의병들에게 호소하는 글도 보냈다. 선생은 한글을 언문이라 여겼을 것이고, 중국의 문자였던 한자를 숭상했을 것이다. 의암 선생이 숭앙하던 중화사상도, 의암 선생이 배척하려던 중국 이외의 것들도 모두 우리의 전통 문화를 침식시키고 있는 것은 사실이다.

문화의 충돌이다. 자동차와 자동차가 충돌하면 차가 찌그러지고 망가지는 것처럼 문화와 문화가 충돌하고 사상과 사상이 충돌하면 찌그러지는 무엇이 있게 마련이 아닐까?

러시아로 망명하는 배 위에서 의암 선생이 남겼다는 시 한 수를 생각해 본다. 어떤 문화가 정답인지는 아무도 말할 수 없지 않은가? 자신의 신념을 따라, 신념을 종교처럼 신봉하며 먼 길을 떠나기도 하는 모든 인생 여정에 그의 시 한 수만이 동서고금의 공통된 정서로 남는 것은 아닌지?

먼 뱃길의 심회—구한말 유림의 시 한 수가 21세기 우리에게도 감동을 주지 않을는지? 그가 남겼다는 여러 시문詩文들 중에 우리들 마음을 파고들 시 한 수. 나라의 앞날을 염려하는 소회가 드러나 있다. 바람, 비는 변하지만, 해와 달은 홀로 빛난다고 했다. 빛나는 해와 달과

헛되어 떠드는 옆 사람들, 변하는 바람과 비의 대조를 통해서 변함없는 진리를 갈망하는 선생의 마음이 드러난다.

(2021. 1.18)

병든 이 몸은 작기만 한데,
휘날리는 범선은 만 리 길이 가볍구나

나라의 운명이 어찌 이에 이르렀나,
하늘이 이 길을 재촉하네.

바람과 비는 때때로 변하는데,
오로지 해와 달은 홀로 빛나네,

옆 사람들 헛되이 웃고 떠들며,
나의 이 심정을 알지 못하네.
-의암집에서

춘천 겨울 여행

-백설 속에 류인석 선생과 윤희순 의사

며칠 전에 서울엔 폭설이 내렸다. 눈으로 덮인 세상은 신세계가 펼쳐진다. 함박눈이 내리면, 세상의 분진도 눈에 덮여 새로운 세상이 되는 듯한 느낌이다. 도로가 막혀 교통체증이 생기는 것을 제외하면, 눈이 오는 걸 보면 좋기만 하다.

겨울 여행은 하얀 설경雪景이 경치를 더해서 마음이 깨끗해진다. 일상의 자질구레한 일들도 눈에 묻히는 것 같다.

고속도로를 달리다 보니, 저 멀리 겹쳐있는 강원도 산에 눈이 하얗다.

그녀를 알게 된 것은 의암 류인석 기념관을 찾아가던 길에서였다.

류인석 기념관으로 달리는 도로변에 〈독립 운동가 윤희순 유적지〉라는 푯말을 본 게 2016년 여름의 일이었다. 도로에서 오른쪽으로 200m쯤 들어가니, 〈해주윤씨의적지〉와 〈윤희순 의사 노래비-안사람 의병노래〉, 〈유적지 안내문〉 비석이 서 있다. 나무판에는 '독립 운동가 윤희순 유적지 안내도' 라는 그림판이 세워져 있다. 거기서 본 몇 개의 비문을 보고 윤희순 독립 운동가에 관해 모든 것을 알아낼 수 없는 일이다. 막막하기만 하다.

「윤희순 평전」을 구해서 읽으려고 책꽂이에 꽂아둔 채 시간만 흘렀다. 책이 어디로 갔는지, 책꽂이를 몇 번씩 뒤져도 찾을 수가 없다.

구한말 강원도 춘천시 남면 가정리, 유홍석의 며느리였던 한 여인이 의병가疑兵歌를 지어 부르며 춘천 의병들을 도왔다. 돕는 것에 그치지 않고 무기를 만들고 부녀자 의병들을 훈련시키는 일을 했다.

그 시대, 여인의 가장 큰 임무는 아들을 낳아 대를 잇고, 시부모 공경과 제사를 모시는 일이었다. 여자의 목소리가 담 밖을 넘어가서는 안 되는 세상이었다. 여필종부, 남존여비 사상이 지배하던 시대였다. 달나라로 여행을 가는 요즘 같은 시대에도 진정한 남녀평등이 이뤄지지 않은 것으로 보인다. 조선 시대에는 남녀유별이 더 극심했다. 삼종지도三從之道 [1]를 여자의 미덕으로 삼던 시대였다. "암탉이 울면 집안이 망한다"는 말까지 나올 정도였다. 이런 유교 사상이 지배하던 시대에 '안사람 의병노래' 까지 지어서 부르며, 아녀자가 무기를 만들고, 총을 들어 왜병과 맞섰다는 것은 그 당시에는 혁명과도 같은 일이었다. 길쌈 대신 총을 들었던 윤희순. 이렇게 유별난 여성 윤희순에 대한 호기심이 일기 시작했다.

얼마 전, 의암 류인석 의병장에 대해서 글을 썼다. 류인석 기념관 가는 길에서 발견했던 윤희순 의병장 유적지를 그냥 기억 속에 묻어둘 수만은 없는 일이다. 없어진 책을 포기한 채 책을 새로 3권을 더 구해서 읽었다. 총을 들었던 구한말 아녀자 윤희순. 3권의 책을 읽어 내기에 충분히 매력적의 인물이기 때문이었다. 책을 읽다 보니, 윤희순에 대한 기념물은 의암 류인석기념관 가는 길에서 보았던 비문 3개만이 아니었다. 나머지 유적물과 기념물을 찾아보기 위해서 춘천으로 다시 가기로 했다.

가는 길이 설경雪景인 것이 보기에 좋기만 하다. 그러고 보니, 윤희순 유적지를 찾아가는 세 번째 여행이다. 두 번 모두 우연히도 뙤약볕이 따가운 여름이었고, 이번은 눈 덮인 겨울이다. 겨울 여행의 낭만을 생각하기엔 그녀의 삶의 질곡이 험난했으리라. 아침 식사도 못하고 아침 일찍 나섰던 여행길이다. 가평을 지나 춘천 시립청소년도서관[2]을 찾아가는 길이다. 윤희순의 동상이 그곳에 있다는 것을 「조선의 딸, 총을 들다」에서 읽었다. 가서 동상을 보고 직접 느껴보고 싶

---

1) 여자는 결혼 전에는 아버지의 뜻을 따르고, 결혼해서는 남편의 뜻을 따르고, 남편이 사망하면 아들의 뜻을 따르는 것이 여자의 도리라는 유교의 가르침

2) 강원도 춘천시 옛경춘로 830-24

어진다. 춘천 시내를 지나, 도서관으로 가는 도로 오른쪽으로 이디오피아 참전기념비가 보인다. 참전비에서 50m쯤 지나니, 동상 하나가 우뚝 서 있는 게 보인다. '류인석 선생의 동상인가 보다' 춘천에서 커다란 동상을 만들어 기릴만한 분은 의암 류인석 선생이 으뜸일 것이라는 짐작이다.

"잠깐 차 좀 세워보세요. 저 동상이 의암류인석 선생 동상일 것 같은데요."

차에서 내려 뛰어가 보니, 추측대로였다. 한자로 '毅菴柳麟錫先生像' 이라고 새겨져 있다. 동상 뒤에는 소나무가 병풍처럼 둘러 있다. 동상 오른쪽에는 산책로 옆으로 하얀 눈밭이다. 한옆으로 오리 모양의 유람선이 떠 있는 것을 보니, 하천이 얼어 눈으로 덮여있는 모양이다. 물의 흐름이 오른쪽으로 곡선을 이루며 완만하게 휘어져 있다. 하천 멀리 낮은 산도 보인다. 산밑에 멀리 건물들도 보이고, 하천을 따라 겨울나무가 앙상하게 서 있다.

"이 강 이름이 뭐예요?"

지나가는 분에게 물으니,

"소양강의 지류이며, 공지천입니다."

라는 답이다. 의암 선생의 동상이 있는 곳은 공지천 공원, 의암공원이라고 했다.

'이곳에 의암 선생이 계셨구나' 라고 생각하며 눈밭을 걸어 나오는데, 의자에 웬 여자가 앉아 있다.

'이렇게 추운 날, 산책 나왔다가 앉아 계시나!' 하는 생각을 하며 그 옆으로 지나가려니, 그 여자 옆에 똑같은 의자가 하나 더 놓여있다. 비어 있다. 가까이 가서 보니, 소녀상이었다.

'춘천에도 소녀상이?' 다홍색 코트를 어깨에 걸치고 있다. 주홍색 털모자를 쓰고, 하얀 털목도리를 하고 있다. 무릎에는 두꺼운 남자용 잠바로 덮어놓았다. 마스크도 하고 있다. 소녀상 오른쪽엔 다 말라버린 꽃바구니가 하나 놓여있다.

'여기에 왜 소녀상이 놓여있을까?' 조형물조차 추울까 봐 두꺼운 겨울옷과 마스크까지 씌워주었나 보다. 그 손길의 따뜻한 감성을 생각해 본다. 소녀상을 볼 때마다 먹먹해 오는 아픔이 밀려오는 게 한국인들의 인지상정이다.

소녀상 사진을 찍으면서, '왜 여기에 소녀상을 세웠을까? 50여m 뒤에 류인석 선생의 동상이 서 계신 것은 뭘 말해주는가? 두 개의 상像의 배치를 생각해 보면, 누군가 역사적인 통찰력을 갖고 이렇게 배치를 했다는 것을 감지할 수 있다. 의암류인석 선생은 존화양이[3]와 위정척사[4]사상으로 일본과 서양세력을 배척했다. 류인석 선생은 구한말, 을미사변(명성황후시해사건), 단발령 등에 반발하여 의병장이 되었다. 류인석 선생의 사상을 힘입어, 제천, 단양, 충주, 춘천 의병들이 대승을 거두었다. 그 기세로 의병들이 승승장구했더라면, 그래서 일제의 침략을 막아 낼 수 있었다면 조선의 딸들은 위안부의 참혹한 상처를 받지 않았을 텐데…. 하는 아픔이 밀려온다. 친러세력이 의병을 해산하지만 않았어도, 류인석 장군의 3,000 의병은 파도처럼 일본의

3) 중국을 존중하고 오랑캐(서양, 일본)을 물리친다는 화서학파의 사상.

4) 옳은 것(중국의 성리학)을 지키고, 사악한 것(외세)을 물리친다는 사상. 존화양이 사상과 맥이 같다.

세력을 삼켜버릴 수 있었을까? 열강의 침략 앞에 의병들의 힘은 미약했고 밀릴 수밖에 없는 난세였다. 친러정부의 의병 해산 명령에 따라 의병들은 흩어졌다. 안타까운 그 시대의 아픔을 웅변하듯이 류인석 선생의 동상 앞에 앉아 있는 소녀상은 말이 없다. 조형물에 불과하다. 조선의 딸들을 지키려고 애썼던 춘천과 제천, 단양, 충주의 의병들-천민, 농민, 상인, 유생 할 것 없이 분연히 일어났던 그들. 보리쌀 한 주먹의 녹봉을 못 받아도 의로운 정신 하나로 나라를 지켜내고자 했던 이 땅의 남정네들. 짓밟힌 조선의 딸들.

나라의 국권을 빼앗기면, 밟히는 것은 힘없는 백성, 여성들이었으리라. 의암공원, 온 세상이 하얗다. 눈 위에 말없이 앉아 있는 소녀상은 오늘 우리에게 무엇을 말하고 싶을까? 서책을 접고 의병장이 되어 국권을 회복하려고 고단했을 류인석 선생은 무엇을 말하고 싶을까? 먹먹해 오는 마음으로 갑자기 발걸음이 무거워진다. 초록의 잔디밭이 하얀 눈으로 덮여있다. 신발이 젖고 있는 것도 알아차리지 못한 채 터벅터벅 눈밭을 걸어 나오면서, 이 땅에 사는 모든 딸들의 인권을 생각해 본다.

지난 여름 여행에서는 의암류인석기념관을 찾아가다가 우연히 윤희순 의병장 유적지를 보게 되었다. 이번 겨울 여행에서는 거꾸로 윤희순 의병장을 찾아가다가 의암류인석 의병장 동상을 만나게 되었다. 그리고 가슴 아픈 춘천의 소녀상까지.

조선 시대 여성들은 남성들을 위한 도구적 존재가치만을 지녔을까? 남성 우월주의가 팽배하던 시절에 여성들도 총을 들어 왜적을 물리치고자 했다. 윤희순 의병장이 '아녀자 의병노래' 를 지어 부르며 소똥과 진흙을 빚어 화승총의 탄약을 만들고, 의병을 훈련하여 총을 쏘았던 총으로 이 땅의 소녀들을 모두 지켜내었더라면, 분기충천하여 일어났던 의병들이 이 땅의 소녀들을 모두 지켜내었더라면….

공지천 공원에서 바로 좌회전을 하여 언덕길을 200m쯤 올라가니, 이번 여행의 목적지인 '춘천시립청소련도서관' 이 나온다. 회색 건물의 시멘트 건물이다. 주차장도 꽤 넓다. 도서관 오른쪽에는 나무들이 심겨 있다. 도서관 주차장에 세워져 있다는 윤희순 의병장의 동상을 아무리 찾아도 보이질 않는다.

'교육적인 목적을 갖고 청소년도서관에 동상을 건립했을 것이라' 고 짐작된다. 시립청소년도서관에 건립한 것을 보면, 춘천시에서 추진한 일일 것이다. 그런데 시립청소년도서관 앞과 옆에 나무숲에서도 윤희순 의병장의 동상을 찾을 수가 없었다. 잘못 찾아온 게 아닌가 싶어서, 도서관에 들어가서 문의를 했다.

"도서관 후편에도 주차장이 있고, 그곳에 동상이 있다."

고 했다. 한걸음에 달려가 보니, 도서관 주차장 후미진 곳에 한복의 치맛자락을 날리며 한 손에는 책을 들고 한 손은 공중을 향해 뻗은 채 입을 크게 벌리고 노래를 부르고 있는 듯한 모습의 여인상이 서 있다. 쪽 찐 머리에 비녀를 꽂고 있다. 황동 빛 동상이다. 여인상을 고이고 있는 두 개의 단에도 하얀 눈이 소복하게 쌓여 있다. 아랫단에 '윤희순 상' 이라고 한글로 쓰여있다. 조금 전 공지천 공원에서 보았던 '의암류인석선생상' 과 대조적이다. 류인석 선생 동상은 사람이 많이 다니는 공원에 세워져 있는데, 어째서 윤희순 선생의 동상은 도서관 후편 주차장에 세웠을까? 조선 시대처럼 여자라는 이유로, 도서관 앞쪽에 세울 수 없다는 차별적인 발상에서 그렇게 한 것일까?

학생들에게 교육적인 목적으로 기금을 들여서 동상을 건립했다면, 왜 뒤쪽에 두었을까? 일부러 찾아가지 않으면 눈에 뜨이지도 않는 곳에…. 이해되지 않는 수수께끼를 하나 발견한 느낌이다. 무엇인가 잘못되었다는 생각을 지울 수가 없다. 풀리지 않는 궁금증을 안고 윤희순 의병장이 의병을 훈련했다는 훈련장을 찾아가 보기로 했다. 그 도서관에서 30km를 더 달려야 춘천시 남면 가정리에 있다는 의병훈련장이 나온다는 네비게이션의 안내다. 그냥 서울로 돌아가자는 친구의 고집이다.

"여기까지 왔으니, 찾아가 보자." 고 친구를 달래며 의암터널을 지나 가정리를 향해 달렸다. 춘천은 공원 이름도 '의암공원' , 터널 이름도 '의암터널' 가는 곳마다 의암 류인석 선생을 기리고 있다. 류인석 선생이 태어나셨다는 남면 가정리. 서울 윤희순 아씨가 시집온 곳도 남면 가정리다. 류인석 선생(류인석 의병장)과 윤희순의 시아버지 유홍석은 고흥 유씨 일가 친척이다. 류인석 선생이 13도 의병

도총재였고 의병장으로 큰 인물이었던 것은 틀림없는 사실이다. 윤희순 의병장을 말할 때, 류인석 의병장 이야기에 부록처럼 말해지는 게 안타깝기만 하다. 그녀의 정체성을 밝혀, 살펴보고 싶은 마음이 탄다. 별책부록처럼 취급받아왔던 조선 시대 여성들의 삶. 누구의 며느리, 누구의 아내, 누구의 어머니로서의 정체성이 그녀의 전부인가? 총을 들고 일제와 맞섰던 용맹스러운 여장부였다고 말해질 수는 없는 것일까? '해주윤씨의적비' 라는 비석 대신 '윤희순의적비' 라고 그녀의 이름 석 자 적어주면 좋을 텐데…. 그녀가 시집와서 살았다는 가정리 옛 집터에 세 번을 찾아와서 둘러볼 때마다 드는 생각이다.

'안사람 의병노래' 노랫말도 까만 돌에 새겨져 있다. 노랫말을 받치고 있는 화강석에는 '윤희순 의사義士 노래비' 라고 적혀있다. 노랫말의 원작자는 윤희순 의사라고 밝혀주고 있다. 윤희순 의사 유적지 주변은 조용하기만 하다. 잔디 위에 몇 개의 비석이 있을 뿐. 경운기 한 대 정도 다닐만한 오른쪽 길옆으로 논이 널따랗게 펼쳐져 있다. 논에도 눈이 가득하다. 멀찍이 비닐하우스가 보인다. 지나가는 사람조차 없다. 야트막한 언덕을 위로 민가의 지붕이 보인다. 훈련장 표지석이 이 근처에 있을 것 같은 느낌 하나만 믿고 지붕이 보이는 언덕을 올라가 보았다. 두 번 방문했어도 잔디밭에 있는 비석 몇 개를 사진에 담아온 것이 전부였다.

언덕을 올라가 보면 뭔가 더 알아낼 수 있을 것 같다. 멀리서 인기척이 들린다. 빨간 잠바를 입으신 아저씨에게 의병훈련장 표지석을 물으니, 가정중학교 옆으로 가면 찾을 수 있다는 대답이다. 그리고 묻지도 않는 말씀을 보태주신다.

"여기 보이는 것처럼 옛날에도 여기가 산이었다오. 윤희순씨네는 외 따른 초가집이었고 가난했다고들 하오."

그녀의 흔적을 찾아 가정중학교를 찾아 또 길을 달렸다. 의암류인석기념관으로 가는 길에서 연수원 건물을 끼고 오른쪽으로 1km쯤 들어가니 가정중학교 건물이 보인다. 학교 사람에게 물으니, 학교 왼편으로 논길에 '여의내골의병훈련장' 까지 데려다주었다. 논 주변은 산이 3개 겹쳐있다. 산으로 둘러싸여 있으니 일본의 눈을 피해 의병훈련장으로 적합했을 터였다. 윤희순 의사네 집에서 이곳까지는 걸어 다니기에는 꽤 먼 거리였을 것으로 짐작된다. '억척스러운 여인이었구나' 라는 짐작이 되고도 남는 일이다. 노래를 지어 부르며, 동네 아녀자들을 모아 훈련까지 시킨 것은 대단한 일임에 틀림없지 않은가? 지금 이곳은 눈 덮인 논이지만, 그때 여인들이 이곳에서 훈련을 받는 모습을 상상해 본다. 강원도 산골 아낙네들의 억센 투지가 보이는 듯하다. 논길 사이로 차 한 대가 다닐 법한 길이 나 있다. 그 길을 지나다 보니, 도로변에도 표지석 위에 이렇게 쓰여있다.

"의병훈련장, 오천유중락의병장 묘소 입구"

먼지가 잔뜩 묻어있다. 춘천에 의병활동이 활발했다는 것을 증명하는 재료들이다. 농토를 지키려는 농민들의 의로운 거병이었을 것 같은 느낌이 스친다. 그곳에서 류인석 기념관에 가서 길을 묻고서야

'항일의병 무기 제조 · 훈련장 유적기념비' 를 찾을 수 있었다. 우리는 왔던 길을 다시 돌려 가정중학교 정문에서 왼쪽 길을 곧바로 올라가서 총을 들고 누군가를 향해 쏘고 있는 부조물[5]을 만날 수 있었다.

"이 기념비는 유홍석과 그의 며느리 윤희순이 중심이 되어 일으킨 춘천의병의 훈련장이었고, 무기제조소 터"라는 설명이 쓰여있다. 이 곳 주변도 산으로 둘러싸인 논이다. 이곳에서 무기를 만들어 의병항쟁을 했던 춘천 의병장, 유홍석, 윤희순 의사.

시아버지와 며느리가 무기를 만들고, 의병들을 모아 훈련을 시키는 분주한 모습을 상상해 본다. 고단한 이들의 뒷모습. 산으로 둘러싸인 너른 논을 연병장으로 여겼을 그들. 숨 막히는 매우 급함이 느껴진다.

아낙네들도 훈련을 받고 총을 쏘았다. 그 시대 전국 어디에서도 아낙네들의 집단 훈련은 없었을 것이다. 지금은 조용한 논에 눈이 가득하다.

(2021. 1.23)

5) 춘천시 남면 가정리 577번지(여우내길113)

여의내골 의병훈련소
가정중학교 옆, 의병훈련소 터
설경 속의 류인석 선생 동상
의병훈련장, 류중락묘소 입구 표지석

총을 든 춘천 아낙네

- 윤희순 독립운동가

그냥 지나쳤다면 좋았을지도 모른다. 의암류인석 선생기념관을 찾아가던 길에 세워진 갈색 표지판에 쓰인 하얀 글자 '독립운동가 윤희순 유적지' 와 노란색 화살표. 노란색 글자 200m.

가던 길을 꺾어 오른쪽으로 200m 들어가니, 외딴집 오른편으로 자그마한 공간에 잔디가 심어져 있다. 잔디밭 뒤로 소나무가 즐비하다. 낮은 산으로 보인다. 구릉이라고 하는 게 맞을 것 같다. 잔디 위에 비석 몇 개가 서 있다. '해주윤씨의적비' 라는 비석은 제법 높은 단 위에 올려져 있다. 해주 윤씨가 의로운 일을 했기에 그 일을 기리기 위해서 세워놓았다는 뜻이리라. 그 앞에 화강석 위에 까만 돌이 얹어져 있다. '안사람 의병노래' 가사歌詞말이 돌에 새겨져 있다.

안사람 의병노래

윤희순

우리나라 의병들은 나라 찾기 힘쓰는데
우리들은 무얼할까 의병들을 도와주세
내집없는 의병대들 뒷바라질 하여보세
우리들도 뭉쳐지면 나라찾기 운동이요
왜놈들을 잡는거니 의복버선 손질하여
만져주세 만져주세 우리조선 아낙네들
나라없이 어이살며 힘을모아 도와주세
만세만세 만만세요 우리의병 만세로다

이 노랫말을 읽으면서, 4·4조의 4음보 율격을 가진 리듬감을 느낄 수 있었다. 제목을 의병노래라고 했듯이, 노랫말이라는 것을 쉽게 알 수 있다. 창가의 형식을 보여주기도 한다. 이런 노랫말을 지은 것을 보면, 윤희순이라는 작가는 음악성을 살려 노랫말을 만들 줄 아는 지적 소유자라는 것을 알 수 있다. 여기서 감탄한 것은 잠깐이었다. "우리

나라 의병들은 나라 찾기를 힘쓰는데, 안사람들은 무얼할까?"를 묻고 있다. 그 질문에 대한 자문자답으로 "의병들을 도와주자. 뒷바라지하자. 의복 버선 손질하고 만져주자. 도와주자"라고 한다. 이것이 "만세만세 만만세요. 우리의병 만세"라고 노래하고 있다. 의병 만세를 노래하는 듯 보이나, 나라를 구하기 위해서 의롭게 일어난 병사들을 돕고 뒷바라지하는 게 안사람의 도리이며 임무라는 내용이다. 이 노랫말을 읽으면서, 구한말의 시대 상황과 윤희순, 안사람들의 자아 정체감을 읽을 수 있었다. '자신이 의병이 되어 나라를 구하겠다' 라는 자존감이나 자립의 자세보다는 조력자로서 의병 봉기한 남정네들을 보필해주고 뒷바라지해주자는 내용이 직접적으로 드러나 있기 때문이다.

조선 시대에는 남녀가 유별하던 시대였다. 거친 표현을 빌리면, 세상의 주인공은 남자들이었다. 여자는 주인공을 위해서 조연해주는 부속품 또는 뒤치다꺼리하는 역할에 불과했다. 아들을 낳아 대를 이어주고, 자손을 잘 양육하여 그 가문의 존립을 돕는 게 여자들의 존재 이유였다. 조상의 제사가 일 년에 열두 번이 넘더라도 음식 준비와 가사 노동에 기꺼이 자신의 시간과 노동력을 바쳤다. 여인의 일생은 그게 전부였다. 이름조차 제대로 지어주지 않는 경우도 많았다. 3월에 태어났으면, '삼월' 이라는 이름으로 불렸다. 제천이 고향이면 '제천댁' 이 이름이 되었다. 그나마 윤희순 의사는 자신의 이름을 가진 복 받은 여인임에 틀림이 없다.

목멱산 끝자락 회현방에서 태어난 희순 아씨. 윤익상의 여식이다. 16세에 춘천 남면 가정리 항골로 시집을 간다. 가난한 양반가 유홍석의 며느리, 유제운의 아내가 된다. 유홍석은 의암류인석 선생과 사촌지간이다. 춘천 고흥 류씨 집안 사람들은 춘천 의병, 제천 의병 등에서 활약이 대단했다. 윤희순의 시아버지 화서 학파 유홍석과 남편 유제원도 의병에 나가 한 달여씩 집을 비우곤 했다. 윤희순은 아들만 셋을 두었다. 아이들 키우는 일과 가난한 양반네 살림을 살아내기도 버거웠을 터였다. 농사와 가사 일이 만만하지 않았을 것이다. 수더분한 아낙네로 가사와 육아에만 전념해도 그녀의 삶은 버거웠을 것이다. 아녀자로 사는 것을 아무도 꾸짖지 않을 시대였다. 오히려 그 시대 시대상은 윤희순에게 그렇게 살길 요청했다. 그러나 누가 시키지도 않았는데도 윤희순은 의병을 돕기 시작한다.

의병에 나갔다가 다친 의병들이 피투성이가 되어, 윤희순의 집에 찾아온 것이 계기가 되었다. 며칠씩 굶주린 그들이 주린 배를 움켜쥐며, "먹을 것을 좀 달라"고 요청한다. 의병을 나간 시아버지와 남편도 어디선가 저렇게 굶주리고 있을 것이라는 상상으로, 다치고 굶주린 의병들에게 측은지심이 일었을까? 의병들에게 주먹밥을 해서 먹게 해준다. 다친 곳을 치료해준다. 이 일이 계기가 되어 윤희순은 의병들을 돕기 시작한다. 동네 아녀자들도 윤희순과 함께 의병들의 식사와 치료 등을 함께 돕는다. 인간은 어떤 환경에 처하느냐에 따라 행동 양식이 달라질 것이다. 윤희순이 한량인 남편을 만났더라면 의병을 도왔을까를 생각해 본다. "여자는 가문의 가풍을 따르며 살아야 한다."는 유교의 가르침대로 윤희순은 위정척사와 존화양이 사상으로 뭉친 화서 학파-시아버지 유홍석의 신념을 어느새 따르고 있었다고 보아도 좋을 것 같다.

그러나 윤희순의 부친, 윤익상은 "여인이기 전에 바른길을 묻는 한 사람이길 바란다"라는 가르침을 늘 딸에게 심어주었다. 윤희순도 일제가 조선에 어떤 일을 하고 있는지를 들어서 다 알고 있는 "지각이 있는 아녀자" 였다. 일제가 명성황후를 시해한 일이나, 단발령을 내린 일, 대한제국의 군대를 강제로 해산한 일 등…. 나라를 침략해 오는 일본의 야만성을 자각하고 윤희순도 의병들을 돕는 일이 옳은 일이라고 판단했을 것이다. 동네 어른들에게도 "의병들이 잘 곳이 없어서 야산에서 아무것도 덮지도 못하고, 다친 몸을 누이고 있다는 것과 굶고 있는 그들의 참혹성을 들어가며, 의병을 도와야 한다고 설득해내기도 했다.

의병가義兵歌는 삽시간에 동네 아이들에게 퍼졌다. 아낙들도 남정네들도 그 노래를 흥얼거린다. 노래의 힘은 상당한 전파력과 파급력이 있다. 마치 노동요 구지가龜旨歌처럼, '안사람 의병노래' 는 어른이나 아이 할 것 없이 여의네골에서 전파되어 나갔다.

어느새 윤희순은 동네 아낙네 30여 명을 모아서, 무기를 만들기 시작했다. 소똥과 진흙을 이겨서 화승총의 탄약을 만들었다. 소변을 끓여서 염촌, 초석을 만들었다. 초산은 사람을 죽이기도 하고 폭탄처럼 건물을 파괴할 수도 있는 무서운 무기가 되었다. 뜻있는 이들에게 355냥을 모아 무기를 구하고 아낙들이 총 쏘는 연습 등 군사훈련까지 하게 된다. 윤희순이 의병장이 되어 여의네골에는 '부녀 의병단' 이 만들어진다. 그 당시 여성에게는 혁명 같은 일이다. 바늘을 들어 옷을 짓고 길쌈을 해야 하는 여인들. 솥에 군불을 때 밥을 지어야 하는 여인들이 손에 총을 들었다. 누군가 꾸며낸 영화 같은 이야기라는 느낌이 든다. 그러나 그건 사실이었다.

내가 윤희순 유적지를 처음 알게 된 것은 2016년 여름이었다. 의암 선생을 찾아가던 길에 우연히 보게 된 돌비석 몇 개. 노랫말 등. 그녀에 대한 글을 쓰는 게 5년 만이다. 2016년에 춘천에 다녀온 후, 호기심에 그녀의 평전을 구했으나 책장 한 장 넘기지 못한 채 시간이 흘렀고 책은 어디로 사라졌다.

2020년 8월, 그녀의 유적지를 다시 찾아갔다. 5년 전 모습과 아무 변화 없이 비석 몇 개가 전부다. 기념관도 생기지 않았고, 누군가 설명해 주는 이 하나 없다. 잘 다듬어진 소나무 몇 그루가 비석 주변에 심겨 있다. 여전히 여름 잔디는 푸르다. 유적지 오른편으로 경운기 한 대 다닐 만한 길을 사이로 두고 넓은 논이 펼쳐져 있다. 이곳에 초가를 짓고 논에서 일을 하고, 메주를 만들어 간장과 고추장을 담그며 지냈을 윤희순 여사를 상상해 본다. 시아버지와 남편이 의병으로 나간 빈집을 지키며, 아이들을 키우고 논을 일터로 삼아 지냈을 것이다. 멀리 한양 땅을 바라보며 친정아버지를 그리워하기도 했으리라. 그리고 길 떠난 집안 남정네들을 위해서 아침저녁 정화수를 떠놓고 기도를 올렸으리라. 유교 사회 아녀자의 전형적인 모습이다. 그 시대 가난한 유생 아내의 삶이 그러하듯이….

그러나 그녀는 거기에 주저앉지 않고, 총을 들었다. 그녀의 의적비가 세워진 곳에서 의암 선생기념관 쪽으로 몇km 떨어진 곳에 '여의내골의병훈련장' 표지석이 논가에 놓여있다. 까만색 표지석에는 흙먼지가 잔뜩 묻어서 글자가 희미하게 보인다. 가장자리에는 가랑잎과 눈으로 덮여있다. 표지석에는 "류인석 의병장, 유홍석, 박화지, 류중익이 모여 젊은이들을 훈련시키고 무기를 제조하던 곳이며, 의병사(義兵史)에 길이 빛날 연고지"라고 적혀있다. 어디에도 윤희순에 대한 언급은 보이지 않는다.

윤희순 유적지 전경

가정중학교 왼쪽으로 논길을 따라 5분쯤 올라가니 '항일의병 무기제조 · 훈련장 유적기념비' 가 보인다. 총을 들고 어딘가를 겨냥하고 있는 모습의 부조물이다. 이 표지석에는 춘천 의병장 외당 류홍석과 여성 의병장 윤희순이 200여 명의 의병을 훈련시키고 화약과 탄환 등을 조달할 수 있는 '무기제조소 터' 라고 쓰여있다. 시아버지와 며느리가 춘천 의병의 봉기를 도모했던 곳이다. 기념물 옆에는 평지의 논이다. 논 주변엔 산이 병풍처럼 둘러 있다. 일제의 눈을 피해 군사훈련과 무기제조를 하기에 적합한 곳이었으리라.

강원도는 산악지대이고, 산속에 숨어서 의병 훈련을 하고, 무기를 제작하는 일이 쉬웠을 것 같다. 그러나 일제가 강원도 산골이라고 눈감고 넘어갈 리가 없지 않은가? 의병들이 지나갔던 흔적이 있는 곳마저 대학살이 이뤄졌다. 의병들을 장터에서 효수하여 죽였다. 의병활동을 하면 이렇게 처형당한다는 것을 보이기 위한 본보기로 죽였으리라. 의병이 지나간 마을마다 불을 질렀다. 이른바 의병 대학살이다. 윤희순의 일가도 무사할 수는 없었다. 황현처럼 자결하려던 유홍석을 설득하여 일가족이 중국으로 망명을 한다. 춘천에 의병 가족 몇 가구와 동행한 길이다.

윤희순의 일가족은 중국 랴오닝성 홍경헌(현 신빈현) 장신 난천자에 정착한다. 먹을 것도 잘 곳도 없는 허허로운 황무지 땅. 나무를 베어 집을 짓고 조선에서 가져온 볍씨를 뿌려 논농사를 시작한다. 갑자기 굴러온 불청객이었을 윤희순의 일행은 곧 중국인들의 마음을 얻는다. 논농사 짓는 법을 가르쳐주고 먹을 것을 나눠주고, 그들을 챙겨주다 보니 사람들의 마음을 얻을 수 있었다. 그러고 보면, 먹을 것을 나누고 챙겨주는 게 사람 사는 데 가장 기본이 되는 모양이다. 중국인들은 조선 마을을 고려구라고 불렀고, 부지런히 일하여 땅을 일구는 조선인들을 칭찬했다. 그러나 그곳에서 정착하지 못한 채, 류인석 선생이 먼저 가서 정착했던 곳-랴오닝성 환인현 팔리전지 취리두로 이주하게 된다.

이곳에는 먼저 이주해온 조선인들이 다수 있었다. 유홍석뿐 아니라 사람들의 의견이 모아졌다. 학교를 지어 조선인들을 교육하자는 중론이었다. 동창학교 분교인 노학당老學堂을 열었다(1912년). 역사, 조선어, 수신, 한문, 작문, 지리, 습작, 산술, 창가, 도화까지 가르쳤다. 박은식과 신채호가 역사를 담당했다. 교장은 윤희순 의사가 맡게 되었다. 53세 때였다. 조선에서는 있을 수 없는 일이다. 그 시대에 아녀자가 어찌 감히 학교 교장이 된단 말인가? 그러나, 춘천 여의내골에서 보였던 그녀의 통솔력과 투지를 모두 아는 터라 그녀가 교장을 맡게 된 것이다. 경천동지驚天動地할 일이다. 도저히 일어날 수 없는 혁명이 중국 랴오닝성 취리두 마을에서 이루어졌다.

이제 윤희순 의사는 남자의 부속품이 아니었다. 한 사람의 인간으로 우뚝 섰다. 자신 삶의 주인공이 되었다. 일본의 탄압으로 4년 만에 노학당이 폐교할 때(1915년)까지 '항일', '애국', '분발', '향상'을 교훈으로 독립운동가들[1)]을 여럿 배출해내었다.

1914년 시아버지 유홍석이, 1915년 재당숙 의암 류인석 선생과 남편 유제원도 세상을 떠난다. 중국 랴오닌성 환인현에 혼자 남겨진 윤희순 의사는 아들들과 함께 푸순 포기둔으로 이주한다.

1919년 무오독립선언과 2 · 8 독립선언에 이어 3 · 1 운동이 일어난다. 환인현에서 아들들과 3 · 1 운동을 주도한다. 시아버지 유홍석을 따르던 의병활동가였던 윤희순 의사다. 시아버지와 남편이 세상을 떠났지만, 그들의 빈자리에 이제는 그녀가 주도적인 주인공이 되어 만세 운동을 주도했다는 것은 의미 있는 일이다. 1920년에는 한국 · 중국 지사 180여 명과 '조선독립단' 을 조직한다. 무장투쟁 단체다.

의열 투쟁단체는 김원봉의 '의열단' , 김구의 '한인애국단' 이회영의 '다물단' , 백정기의 '흑색공포단' 이 있었던 것을 우리는 알고 있다. 의열 투쟁이란, 일본 앞잡이뿐 아니라 일본 수뇌들을 총살하거나 총독부, 주재소 건물에 폭탄을 던지는 테러활동을 말한다. 그 당시 남자현과 같은 독립운동가도 있었지만, 여성들의 독립운동 수위가 점점 높아짐을 알 수 있다. 1935년 그녀의 장남 유돈상이 푸순 감옥에서 고문사 당한다. 자식의 죽음 앞에서 그녀는 기력을 잃었을까? 유돈상이 사망 후 11일 뒤에 세상을 하직한다. 자신의 일생을 회고한 글 「일생록」을 집필한 뒤였다. 그녀의 유해는 2012년 춘천시 남면 가정리로 이장되었다.

---

1) 김경도(1894.~1915) 노학당 졸업 후 대한독립단에서 활동하다가 체포되어 순국. 이정헌: 노학당 졸업 후 신흥무관학교, 조선혁명군에 들어감. : 박종수(1895~1964): 노학당 졸업 후 조선독립단, 조선혁명단 활동함

윤희순 관련 서적

고달프고 힘겨웠던 그녀의 독립운동사는 순조롭지 않았다. 순종적인 유교 시대의 여인상을 뛰어넘는 혁명가였다. 그녀는 8편의 '의병가', 4편의 '경고문'을 남기기도 했다. 당찬 여성 윤희순 의사를 춘천 여행에서 만났다. 그녀의 유적지를 세 번이나 찾아갔다. 갈 때마다 그녀의 충격적인 투지와 용맹을 보았다. 춘천시 가정리 남면 여의내골에 남겨진 그녀의 유적들. 100년이 넘은 오늘날, 윤희순 의사는 이 땅에 여성들에게 무슨 말을 하고 싶을까?

며칠 전, 눈으로 덮여있던 춘천의 풍경이 눈앞에 아른거린다. 총을 들고 의병가를 불렀을 윤희순 의사의 당찬 노랫소리가 들리는 것 같다.

그러나 독립을 위해서 투쟁했던 그녀의 일생에 대한 예우가 후하질 않다는 생각이 든다. 직접 총을 들고 싸웠던 의병장 윤희순 의사, 노학당의 교장으로 독립 운동가를 키워내고, 환인현에서 3 · 1 운동을 주도했고, 의열 투쟁단체까지 만들었던 윤희순 의사에 대한 서훈은 건국훈장 5등급이다(2021년1월23일 현재). 그 시대 어떤 남성 독립 운동가가 저만큼 일을 해냈다면 애족장에 머물렀을까? 강원도 산골 아낙네 윤희순 의사의 의병 정신과 구국운동이 더욱 예우받아야 하는 건 아닌지? 꽃불이 혼불이 되고 혼불은 횃불이 되었을 행보였음을….

눈밭에 큰 발자국 하나. 눈이 녹으면 사라져버리고 말 것인가? 눈 내리던 시대. 눈만 맞은 게 아니라 북풍한설을 맞아가며 온몸을 다하여, 온 맘을 다하여 시대와 싸우고 일제와 싸웠던 혁명가 윤희순 의사. 그녀의 발자국이 춘천 가정리 여의네골에 큼직하다. 우리들 마음에도.

(2021. 1.23)

해주윤씨의적비

하얀 저고리와 수저 한 벌

- 김마리아 회관에 다녀와서

1.

겨울 날씨가 맵다. 종합운동장을 지나 잠실로 가는 차들은 언제나 밀린다. 그녀에 관해서는 쓰지 않으려 했다. 공부할수록 마음 아프고 가슴이 찢어지게 괴로울 것 같다는 예감 앞에서 몇 년을 미뤄 온 일이다.

9년 전부터 독립운동가들에 대한 글을 써왔다. 서울에 독립운동가 유적지를 알아보다가 "보라매공원에 가면 김마리아 동상이 있다"는 걸 알게 되었다. 마리아는 독립운동을 하다가 일제에게 붙잡혀 온갖 고문을 당해도 끝없이 독립운동을 했다는 이야기.

스코필드 선교사에 대한 글을 쓰다 보니, 스코필드 선교사와 김마리아의 고리가 깊다는 것을 알게 되었다.

"스코필드와 함께 세브란스 병원에서 근무하던 간호사 노순경이 서대문감옥에 갇힌다. 스코필드는 그녀를 위로하기 위해 8호 감방을 찾게 된다. 그곳에서 스코필드는 김마리아, 유관순, 어윤희, 방순희 등의 여성독립운동가들을 만나게 된다."

이런 구절을 글로 정리하다 보니, 미뤄두었던 보라매 공원의 김마리아가 기억 저 너머에서 손짓한다. 정신여고에 김마리아 회관이 있다고 하니, 찾아가 보기로 한다.

2.

정신여고 겨울 교정은, 마른 나뭇가지에 흰 눈을 얹은 조용한 분위기다. 학생들은 방학에 들어가 있을 것이다. 며칠 전에 내린 눈이 학교 구석구석에 남아 있다. 포근한 봄에 찾아왔다면, '도심 속에 이 학교의 풍경화가 멋지겠구나' 상상해 본다.

교감 선생님의 친절한 안내로 김마리아기념관을 둘러볼 수 있었다. 기념관 안에는 김마리아에 관한 신문기사들이 액자 속에 전시되어 있다. 안창호 선생과 김구 선생이 마리아에 대해 평한 글도 액자 속에 들어있다. 춘원 이광수 선생이 마리아의 애국심을 예찬하여 지은 시 구절 전문全文이 전시되어 있다.

누이야[1)]

춘원 이광수

누이야, 네 가슴에 타오르는 그 사랑을

1) 이광수 선생이 1933년에 「동광총서東光叢書」에 게재. 김마리아의 애국심에 대한 찬탄 노래

뉘에게 주랴 하오?
네 앞에 내민 조선을 안아주오, 안아주오!
누이야, 꽃같이 곱고 힘있고 깨끗한 몸을
뉘에다 주려하오? 뉘에다 주려하오?
네 앞에 팔벌린 조선에 안기시오. 안기시오!
누이야 청춘도 가고 사랑도 생명도 다 가는 인생이요.
아니 가는 것은 영원한 조선이니
당신의 청춘과 생명을 바치시오, 조선에!

그녀가 남겼다는 유품은 수저 한 벌이다. 은수저인지 시커멓게 변해있다. 1944년 3월 13일에 사망했다고 하니, 수저 주인이 사용을 멈춘 지도 77년이 되었다. 그리고 정신여고 동창회에서 보관하고 있다는 두 번째 유품인 한복을 보여주셨다.

"개인에게는 아무에게나 보여드리지 않는데…."라는 말씀을 교감 선생님은 여러 차례 하신다.

"「독립운동가 국경을 넘어 숨을 만나다」 3권에 김마리아 선생에 대한 글을 써서 넣으려 합니다."라고 했더니,

"유관순 열사는 이화여대梨花女大 제단에서 밀어서 서훈도 올라갔는데, 김마리아는…." 이라며 말끝을 흐리신다. 그 말씀 앞에 미안한 마음이 인다.

"이화학당 출신인 유관순 열사에 대해서는 아직 글을 쓰지 않았어요. 너무 많이 알려지셔서…. 알려지지 않은 분들을, 남이 안 보는 각

김마리아 관련 서적들

도에서 참신하고 독창적인 시각으로 글을 쓰는 게 좋다고 생각하거든요. 제가 김마리아 선생에 대해서 잘 써보겠습니다."

라는 말을 나누고 있을 때, 어떤 여자분이 한복 상자를 들고 들어오신다. 하얀 한지를 여러 겹 풀어놓으니, 치마저고리가 나온다. 하얀색 명주 한복이다. 그런데, 저고리가 평범하지 않다. 안섶보다 겉섶이 훨씬 길다. 재어보지는 않았지만, 2cm 정도는 길다. 짝짝이 한복이다. 목에 깃 부분-동정은 누렇게 절어 있다. 77년의 세월 동안 누렇게 변해있다는 것을 알 수 있었다. 그 명주 저고리는 설명을 듣지 않아도, 모든 것을 짐작하게 했다. 고문을 당해서 오른쪽 젖가슴이 없어졌다는 것. 불에 달군 인두로 가슴을 지져서 모두 타버려 쪼그라들었다는 것을 짐작할 수 있는 일이다.

임진왜란 때도 일본은 조선인을 죽여서, 남자의 귀를 베어 갔고 여자의 가슴을 베어다가 몇 명을 살상했는지 대장에게 보였다고 한다.

"앞섶과 겉섶을 똑같이 만들어 입으면, 왼쪽 어깨가 올라가 있어서 옷섶이 들리게 마련이다. 옷섶이 붕 떠서 옷매무새가 없게 되었다" 라는 배학복- 마리아의 수양딸의 말[2] 이다. 마리아가 남긴 수저와 치마저고리를 배학복은 정신 여학교[3]에 기증했다.

1906년, 김마리아는 서울 종로구 연지동에 있는 연동 여학교에 다녔다. 큰언니 김함라, 작은 언니 김미렴, 고모 김필순과 함께였다. 1909년에 정신 여학교로 이름이 바뀌게 되어 마리아의 유품을 그곳에서 보관하고 있는 것으로 보인다. 일본 히로시마 고등여학교에 유학, 귀국하여 정신학교에서 교편을 잡았던 일, 루이스 교장의 알선으로 동경 여자학원 대학 예비과, 도쿄조시가구인 본과(동경여자학원), 다시 정신 여학교 교사, 중국 남경에 금릉 대학, 미국 파크 대학, 시카고 대학교 대학원 연구생, 컬럼비아대학교 대학원, 뉴욕 신학대 등 많은 학교에서 학업에 정진했다. 영구 귀국하여 원주에 있는 마르타윌슨 여자신학원 부교장으로 봉직했다. 하지만 1943년 이 학교는 일본의 탄압으로 폐교된다. 마리아가 한국에서 졸업한 학교는 정신학교가 전부다. 8세 때 평안도에 있는 소래 학교에 남장男裝을 하고 다녔다지만, 소래 학교는 평안도에 있다. 해서 마리아를 현재 기리고 숭앙할 수 있는 곳은 정신학교貞信學校가 유일한 전당이다. 정신학교는 1978년에 교사校舍를 연지동에서 잠실로 이전한 이후, 김마리아 회관

2) 「김마리아 나는 대한의 독립과 결혼하였다」(박용옥著, 홍성사出) 415~416쪽

3) 서울 송파구 잠실동 50-4

김마리아 회관 전시물 (사용하시던 수저 김마리아 저고리)

김마리아 어록비
정동길에 있는 독립선언서를
등사하는 소녀들

을 지어 김마리아를 기념하고 있다. 회관이 제법 크다. 학생들 강당으로 사용하고 있는 것으로 보인다. 모든 행사가 이곳에서 열릴 것으로 보인다. 강당 한옆에 따로 방을 마련하여, 마리아의 유품과 기념 액자들을 걸어놓았다.

강당 앞에는 김마리아의 흉상이 세워져 있다. 쪽 찐 머리에 안경을 쓰고 있다. 한복 차림이다. 아마도 미국에서 학업을 마치고, 원산에서 신학을 강의하던 때의 모습일 것으로 짐작된다. 흉상의 표정이 밝질 않다. 마리아는 흉상 등 뒤에 진흙을 잔뜩 지고 있다.

"등 뒤에 진흙은 마리아 선생의 고뇌와 질곡의 짐-나라 사랑과 독립운동의 짐을 상징하는 겁니다."라고 교감 선생님이 말씀하셨다. 말씀하지 않아도 알 것 같다. 1892년에 태어나서 독립을 1년 앞두고 1944년 3월 13일에 사망하기까지, 마리아의 53세의 여정이 어떠했는지를.

3.

평안도 소래 마을에서 만석꾼의 셋째딸로 태어난 그녀. 편안하게 살았으면 좋았으련만, 왜 그녀는 그런 질곡의 길을 걸었는지? 구한말에 선교사들에 의해 기독교가 이 땅에 전해지고 여성들에게도 공부를 시키기 시작했다. 그 전에는 여자들을 가르치지 않는 게 일반적인 상례였다. 수를 잘 놓고 바느질 잘 배워 시집을 가면 되었다. 한 남자의 아내가 되어 아들을 낳아 대를 이어주고, 시부모 공경 잘 하면 현모양처로서 편안하고 무난한 삶이었다. 대가댁 마나님들은 폐물을 하나하나 늘려가며 그것으로 만족하면 되었으리라. 그런데 부잣집 딸, 마리아는 폐물이나 모으며 살아도 되는 무난한 길을 버리고 가시넝쿨, 가시밭길을 왜 갔는지? 그것도 그녀는 상상도 하기 힘들 정도의 고문으로 평생 비상악골축농증[4], 메스토이병[5] 신경쇠약으로 시달리며 살아야 했다. 몇 번씩 입원하여 외과 수술을 받아야 했다. 서울 세브란스 병원, 상해, 미국에서도 여러 차례 입원과 수술을 반복한다. 여성의 상징이라는 젖가슴 한쪽을 잃은 것도 모자라서, 불에 달군 인두로 음부를 화침질하는 고문까지 당한다.[6] 애국부인회 회장이었던 김마리아가 대구감옥에서 받은 모욕적인 고문이다. 마리아 28세 때였다. 이런 시련을 겪으면서까지 마리아는 독립운동에 매달렸다. 결혼할 수도 아이를 출산할 수도 없는 몸이 되었다. 대구감옥에서 마리아는 옥중 병고가 심해지고 병보석으로 풀려난다(1920년 5월 22일).

마리아가 정식학교에서 교편을 잡으며, 조용히 학생들을 가르치며 지냈으면 어땠을까를 상상해 본다. 신식교육을 받은 신여성으로서 거기까지만 했더라면…. 정신 여학교에서 학생들을 가르치던 교사의 자존심과 민족의식이 마리아로 하여금 좌시坐視하지 못하게 했을 것이다. 동경유학을 통해 세계정세를 파악하게 된 마리아다. 지식인으로서의 양심이 침묵하지 못하게 했을 것이다. 치밀어오르는 정의

---

4) 뼛속에 고름이 차는 병

5) 심한 두통과 신경쇠약증

6) 「김마리아 나는 대한의 독립과 결혼하였다」(박용옥著, 홍성사出) 227~229쪽

감-선각적인 여성의식이 독립을 위해, 여성도 동등하게 역사의 주인으로 참여하고자 했을 것이다.

애국부인회 사건으로 대구감옥에 수감되기 전에, 마리아는 이미 1919년에 서대문감옥에 6개월간 수감된다. 이화, 정신, 진명, 경성여고보 등 시내 여학생들이 상복 차림과 짚신을 신고 만세 시위를 벌였다. 1919년 3월 5일의 일이다. 이때 돌진하던 한 처녀의 두 손이 일제에 의해 끊어졌다. 독립운동사에서 첫 피를 흘린 건 여학생이었다.[7]

"동지의 피를 보면, 흥분한다는 말이 있다. 물불을 가리지 않게 된다. 앞뒤가 보이지 않는다"는 말이 있다.

얌전하게 있어 주었으면 좋았을 여학생들의 만세 운동과 두 손이 잘려나간 동지의 피. 분노는 들끓기 시작했고, 여학생들의 독립운동은 걷잡을 수 없는 기세로 번져나갔다. 반만년 동안 숨죽이고 있던 여성들. 그들의 분노의 질주가 폭발했다.

그들은 끌려가서 성폭행과 치욕적인 고문을 받았으나, 풀려나면 비밀문서를 인쇄, 등사, 배포와 통신 대부분은 여자의 손으로 이뤄졌다.[8]

그러고 보니, 얼마 전 독립신문사 터를 찾기 위해 배재학당을 찾아간 적이 있었다. 배재학당에서 정동교회 가는 길에 여학생들을 형상화해 놓은 조형물이 바로 그 장면이라는 생각이 든다. 여학생 두 명은 무릎을 꿇고 앉아 있다. 한 명은 초롱불을 한 손에 들고 있고, 한 명은 등사기로 뭔가를 등사하고 있다. 독립선언서를 배포하기 위해

7) 8) 「신문으로 보는 김마리아」(사단법인 김마리아선생기념사업회) 67쪽

일제의 눈을 피해 숨어서 작업을 하는 것이리라.

다시 김마리아 이야기로 돌아가 보자. 3월 5일 여학생들의 만세 운동의 배후 세력으로 김마리아, 황에스더, 박인덕, 나혜석 등이 체포되었다. 이들은 지금의 필동 왜성대-총독부 경무총독부, 종로경찰서에서 심문 후 서대문감옥으로 보내졌다. 이들에게 가해졌을 고문은 짐작하고도 남을 일이다. 이때 일본 검사는 마리아에게 "쓸데없는 일을 그만두고, 현모양처가 돼라"라고 했다. '현모양처'라는 낱말은 참 좋은 말이다. 유교적인 윤리관으로 보면, 더할 나위 없는 여인의 지고지순한 존재감이 될 수 있는 말이다. 그러나 동경유학을 통해, 큰 세계관을 접하게 되었기에, 마리아는 다른 일을 생각하고 있었다.

더 많은 교육을 받고 지도자로서의 자질을 갖추러 떠났던 일본 유학. 1919년 10월 19일, 마리아가 애국부인회를 만들게 되었던 정신적 동기가 되었던 것도 일본 유학에서였다. 나라를 잃고 동경에 유학을 온 남녀학생들의 결속력은 대단했다. "나라를 찾아야 한다."는 당위성 앞에서 그들은 한마음으로 뭉칠 수 있었다. 조국의 앞날이 풍전등화風前燈火인 것에 비분강개悲憤慷慨했던 수재들. 그들은 2·8 독립을 계획한다. 그런데 이 과정에서 마리아는 여성의 정체감을 직시하게 된다. '조선 여자유학생 친목회장'의 자격으로 자금 30원을 헌납했음에도 남학생들 대표 11명만 2·8 독립선언서에 서명한다. 여학생은 종이 귀퉁이에조차 이름 한 글자 끼워주지 않는다. 나라를 사랑하고 염려하는 마음은 여학생들도 한마음인데, 여자는 동등하게 거사

에 참여할 수 없는 현실 앞에서 마리아는 무슨 생각을 했을까? "따돌림", "소외감", "역사에 주인이 되지 못하는 여성의 사회, 존재적 지위" 등으로 자만심이 무너졌을 것 같다. 이 자존의식이 마리아로 하여금, 졸업을 두 달 앞두고 귀국하게 만들었을 것이다. 2·8 독립선언서를 미농지에 열 장 베껴서 오비(띠)-일본 여자 옷을 매는 커다란 띠 속에 독립선언서를 숨긴다. 그 옷을 입고 부산항에 무사히 내린다. 광주 서석 의원(고모부 병원)에서 수백 장을 복사하여 서울로 나른다. 조선의 잠자고 있는 여성들에게 2·8 독립의 의지를 전하고 동참을 구하기 위함이었을 것이다. 조선에 있는 어른들께도 2·8독립선언서를 전하기 위함이었을 것이다.

이런 배경으로 마리아는 1919년 3월 6일 정신학교 교무실에서 일경에 체포되었다가 6개월 만에 병보석으로 풀려난다(1919.8.4.). 이 일에도 B.W.Billings 박사가 보석금 15불을 냈기에 박인덕과 함께 풀려날 수 있었다. 마리아는 석방된 지 두 달 만에 '대한민국 애국부인회'를 비밀리에 조직하고 회장을 맡는다. 조직한 지 한 달여 만에 회원이 2천여 명이 되었고, 간도와 하와이까지 지부를 설치한다. 군자금 6천 원을 임시정부에 보낼 정도로 적극성을 띠었다. 서대문감옥에서 김마리아가 받은 고문은 마리아에게 어떤 영향도, 독립운동에 대한 행보를 멈추게 하지도 못했다. 오히려 더욱 박차를 가했는지도 모른다. 1919년 11월 1일에는 대한민국임시정부 대통령 이승만 앞으로 군자금 2천 원과 부인회 취지문을 김근포金槿圃[9] 명의로 보내는 당찬 모습을 보인다. [10]

"1919년 9월 11일에 공포된 대한민국 임시 헌법에 인민 평등-대한민국의 주권은 대한 인민 전체에 재함(제1장 제2조), 대한민국의 인민은 일체 평등하다.(제1장 제4조)"는 조항이 명시되어있으므로 그 조항에 힘입은 행보였을 것이다. 남녀가 평등하므로, 애국부인회에 속한 회원들도 국민의 권리와 의무를 다하며 항일 민족운동을 함께 해 나가겠다는 의지의 표방일 것이다. 그러나 조직한 지 한 달 10여 일 만인 11월 18일에 핵심 간부 18명을 포함하여 52명 등이 일경에 연행되어 실제적인 활동은 막을 내린다. 정신학교 동문이며, 애국부인회 회원이었던 동지 오현주의 밀고에 의한 것이었다. 예수가 가롯 유다에 의해서 팔려가듯이, 동지의 배반으로 마리아는 씻을 수 없는 고문으로 고통을 받는다.

사실, 여자들에겐 많이 가르치지 않던 가부장 사회. 남성과 여성의 권리와 의무가 동등하다고 주장하던 김마리아의 애국부인회는 혁명과도 같은 일이었을 것이다. 국권까지 빼앗긴 당시에는 받아들여지

---

9) 마리아의 본명

10) 「김마리아 나는 대한의 독립과 결혼하였다」(박용옥 著, 홍성사 出) 494쪽

기 힘든 일이었을지도 모른다. 여성도 남성과 같은 동등한 평등권이 있다는 마리아의 주장은, 마리아의 온몸이 부서지는 희생이 따르는 십자가의 길이었을 것이다.

마리아 선생은 목단꽃을 좋아하셨을까?

장미꽃을 좋아하셨을까?

피우지 못한 꽃송이의 아픔-꽃불이 활활 타오르는 것 같다.

몇 주 전, 정신여교 교감 선생님을 뵈러 학교 1층 로비에 들어섰다가 김마리아의 초상화를 보았다. 벽에 걸린 그녀의 초상화. 짧은 서양식 커트 머리에 서양식 복장을 하고 있다. 두툼한 입술과 겸손한 눈빛. 그러나 어딘지 우수에 찬, 애련한 표정이 안타깝다. 다 펼치지 못한 소원-꿈이 눈망울 속에 가득 들어있는 듯한 애잔함이 느껴진다.

'일본, 중국, 미국 여러 대학에서 공부를 많이 한 당당한 신여성-그러나 일제에 의해 맘껏 나래를 펼치지 못한 이 여성' 이 난초처럼 고결하게 온 세상에 알려지면 좋겠다는 소망을 해본다.

마리아 님에게 보내는 편지1

지금 당신이 어떤 세상에 계신다면,

그곳에서는 저고리 섶이 짝짝이가 아닌 자태 고운 한복을 입고 계시면 좋겠어요.

그 나라에서는 예쁜 꽃향기도 맡으시며 평안하시길

여기저기 아프지 마시고 고통도 통증도 없는 그곳에서 평안하시길
당신을 꽃으로 지으신 조물주께서
당신의 꽃잎을 떼어내고 짓이겼던 그들을 용서하실까요?
당신이 꽃들의 평등을 이루고 싶었던 일들은
우리 후손들이 할 거니까요
인간은 남녀가 평등하지요
누구나 인간은 존엄하지요
정신학교에 김마리아 열사도, 이화학당의 유관순 열사도
서훈의 등급에 의해 독립운동의 무게가 기려지는 게 아닐 거예요
마리아님이 행했던 행보, 품었던 포부를 우리들은 아니까요
우리는 당신을 기억하고 기릴 거니까요.
당신의 값진 고생에 머리 숙여 감사의 마음을 올립니다.
당신 동상 앞에 분홍빛 꽃바구니 한가득 놓으렵니다.

참 고생 많으셨습니다

그 나라에서는 아프지 마시길 기도합니다.

2021. 1. 31. 강소이 시인 올림

* 참고문헌 :

「신문으로 보는 김마리아」 (사단법인 김마리아선생기념사업회)
「독립운동자료로 보는 김마리아」 (사단법인 김마리아선생기념사업회),
「김마리아 나는 대한의 독립과 결혼하였다」 (박용옥著, 홍성사出)
「김마리아」 (김영삼, 한국신학연구소)

김마리아 선생의 탈출

-보라매공원 김마리아 상을 보고

오늘도 바람이 차다. 몇 년 전부터 가 보고 싶던 보라매공원을 찾아 나선다.

한강대교를 건너 신대방길로 들어선다. 어렵지 않게 보라매공원에 닿았다. 가는 길에 겨울 시내 풍경은 흐려있다. 바람이 부는지 지나는 사람들마다 옷깃을 여미고 걷는다. 공원을 산책하는 이들의 발걸음에 바람이 묻어있다. '날씨도 포근하고 맑은 날 공원에 찾아올걸' 하는 후회가 살짝 스친다.

동상을 찾아 공원을 걸으면서, 30세 처자 한 명이 남들 눈을 피해 중국으로 몸을 피하던 1921년도 6월을 상상해 본다. 그 처자는 중국인 복장을 하고 양산으로 얼굴을 가린 채, 서해의 풍랑 속으로 나룻배에 몸을 실었을 것이다. 그 처자에게는 다른 선택지가 없었을 것이다. 다음 기회에, 한 달 후에, 맑은 날 따위와 같은 것은 사치한 선택지였으리라. 조선 땅을 탈출하지 않으면, 다시 감옥으로 끌려가서 모진 고문을 당하게 될 터이니, 병보석으로 풀려난 틈을 타서 일제의 손에서 탈출하는 게 절대절명의 선택이었을 것이다. 임시정부 특파원 윤응념의 도움으로 무사히 상해 망명에 성공한다.

여성 독립운동가 중에 김경희와 하란사는 죽었고, 김마리아마저 대구감옥에 돌려보내 죽게 할 수 없다는 임시정부의 판단이었다. 김마리아 탈출 성공은 일제에게 참패감을 안겨준 셈이다. 중국으로 가는 풍랑 위에서 마리아는 얼마나 불안하고 막막했을까? 고문으로 인해 온몸이 만신창이가 된 상태였으니, 나라 잃은 처자의 비감이 참혹했을 것 같다. 일제의 손아귀에서 벗어난 것만으로도 살길을 얻은 셈이다. 마리아는 상해 병원에서도 치료를 받는 등 건강을 돌봐야 했다.

임시정부는 마리아의 정치적 참여를 기대하며, 임시의정원 회의에서 김구 선생과 함께 김마리아를 황해도 대표 의원으로 선출한다(1922.2.18.). 우리나라 최초의 여성 국회의원이 된 것이다. 그러나 마리아는 남경에 있는 금릉대학에 입학하여 학업에 더 정진한다. 분파와 분쟁으로 서로 자리 다툼하는 임시정부에 대한 실망이었을 것이다. 국민대표회의에서도 대한민국애국부인회 대표 자격으로 회의에 참석하기도 한다. 국민대표들 수백 명 앞에서 개회 연설을 한다. 이는 남성 우월주의의 차별적 위상에 여성의 위상을 격상시키는 역사적인 일이었다. 그러나 국민대표회의가 결렬된 이후 1923년 6월 21일 마리아는 미국유학길에 오른다. 마리아의 상해 망명을 도왔던 매큔 선교사의 추천으로 미국 파크 대학으로 유학길에 오른 것이다. 일본 동경으로의 유학길은 정신여학교 루이스 교장이 길을 열어주었었다. 미국 유학길은 매큔 선교사가 길을 열어준다. 마리아의 유학길에는 이렇게 길을 열어주는 선교사들이 있었다. 파크 대학의 설립자의 사위였던 매큔 선교사에게는 그리 어렵지 않은 일이었을 것이다. 총명하고 학업 능력이 뛰어난 인재를 길러내고 싶은 것은 동서양의 공통된 인지상정일 테니 말이다.

3세 때 부친을 여의고, 14세 때 모친을 여읜 마리아였다. 서대문감옥에서 멍석에 말아 마리아를 때려대던 고문이나, 대나무 막대기로 마리아의 머리통을 때려대던 고문, 돌 위에 마리아의 머리통을 얹어놓고 구둣발로 짓이기던 고문으로 마리아는 늘 두통과 히스테리, 신경쇠약에 시달렸다. 그런 몸 상태로 학업을 할 수 있었을지? 메스토이병, 비상악골축농증 등으로 코와 양미간, 뺏속에 고름이 생기는 병을 앓고 마리아는 학업에 정진했다. 학업에 소양이 깊었던 까닭도 있지만, 학업 외에는 마리아에게는 다른 선택지가 없는 일이었다. 마리아가 미국에 머물 수 있는 유일한 방도였기 때문이다. 나라를 잃어 중국 비자를 갖고 미국에서 마리아가 할 수 있는 일은 아무것도 없었다. 고문으로 인해 온몸이 만신창이가 되었으니, 힘든 노동을 할 수도 없었다. 하루 3시간 정도씩 일을 하고 학교 등록금을 감할 수 있는 반공 학생-요즘의 근로 장학생이 되었다(1924년). 마리아는 다른 학생들보다 열 살 정도 많은 33세 장년의 나이였다. 이때 마리아의 건강으로는 힘든 일을 할 수 없는 상태인 것을 알고, 스코필드 선교사는 매달 30불씩 마리아의 생활비를 보내기 시작한다 (1925년 5월 25일부터).[1] 이번에도 선교사가 마리아를 돕는다. 1927년 5월 평생 교사자격증과 문학사 졸업장을 받는다. 미국의 조례법에 따르면, 학업을 마친 유학생은 자신의 나라로 돌아가야 한다. 마리아는 조선으로 돌아올 수가 없다. 마리아의 형기가 만료되는 1932년 7월까지 미국 시카고대학에서 대학원 과정, 콜롬비아 사범대학 대학원을 거쳐 뉴욕 신학교(Biblical Seninary in N. Y)에서 종교 교육을 전공한다.

뉴욕에 있을 때, 박인덕, 황에스더를 미국에서 우연히 만난다. 미국에서 동지를 만난 반가움에 1928년 1월 1일에 근화회槿花會를 조직한다. 근화槿花는 무궁화를 의미한다. 나라를 사랑하는 마음으로 재미애국부인회를 뉴욕에서 다시 재기한 것이다. 1929년 6월에는 홍사단에 입단하고, 재미 한국 학생연맹 부회장이 되는 등 끊임없는 애국 활동을 펼친다. 서대문감옥과 대구감옥에서 두 차례 고문을 받으면서, 뼛속까지 항일 구국정신이 스며들었을 김마리아 선생.

여자유학생들은 도서관 일을 돕거나 대필 일을 하기도 하고 향수장사를 해서 번 돈으로 회비를 모아 임시정부에 군자금을 보내기도

1) 「김마리아 나는 대한의 독립과 결혼하였다」 (박용옥著, 홍성사出)

했다. 나라 없는 설움은 나라를 찾고 싶은 열망으로 치닫는 법일까? 경제적으로 약자였던 그녀들의 나라 사랑의 길에 눈물이 쏟아질 것 같다. 유학생들은 먹을 것이 없어서 늘 배를 움켜쥐어야 했다. 배불리 먹기 위해, 남의 집 식모살이로 들어갔지만, 음식을 태우기 일쑤였고, 집안일이 버거워 한 달 만에 때려치우곤 한다.

정신여고 '김마리아기념회관' 에서 보았던 그녀의 수저가 자꾸 눈앞에 아른거린다. 그녀가 미국 유학 생활 9년(1924년~1932년) 동안, 반공 학생으로 일을 해가며 고학으로 공부하던 시절, 배고프고 굶주렸을 것을 상상하게 하는 상징물, 수저 한 벌. 그녀가 세상에 남기고 간 두 가지 유품 중에 하나다. 많은 생각을 하게 한다.

마리아는 원산에 있는 마르타윌슨 신학교에 부교장이 되기로 하고 귀국한다(1932년, 41세). 그러나 일제는 마리아에게 취직 정지 명령을 내렸다가[2] 이듬해 봄에야 성경만 가르치겠다는 다짐을 받고 명령을 해제한다.

1932년 7월 고베에서 수상경찰서에 연행되어 14명의 경찰로부터 9시간 동안 취조를 받던 마리아였다.

수 천 년 동안 지적 활동이 박탈되었던 여성들에게 교육을 통해, 독립 국가를 지향하려던 마리아는 신념을 실천하게 되지만, 일제는 마

2) 1932년 8월

리아에게 형사를 붙여 늘 미행과 감시를 한다. 하지만 중국과 미국 여러 대학에서 많은 학위를 받고 돌아온 최고의 엘리트 지성인 김마리아를 일본 경찰은 탄압할 수가 없었다. 이미 큰 거성이 되어버렸기 때문일 것이다. 여성의 당당한 인간적 권리와 사회 참여의 길을 이루어냈다고 하겠다.

김마리아의 사회 참여는 19세 때 정신학교 졸업 후 광주 수피아 여학교 교사, 22세 때 정신여학교 교사로부터 시작된 일이었다. 1943년 마르타윌슨 신학교가 폐교될 때까지 11년간을 여성 교육에 헌신했다. 앞글에서도 언급한 것처럼 대한민국애국부인회를 만들어 간도와 하와이에까지 지부를 두는 등 활발한 활동을 한 것도 사회 참여이며 정치 참여라고 하겠다. 이로써 김마리아는 감옥에 투옥되고 고문을 받는 수난을 겪기도 하지만, 선생의 일제와의 투쟁은 구한말 시대와의 전쟁이었다. 여성이 한 인간으로 존중받고, 남성과 똑같은 인권을 보장받아야 한다는 엘리트 여성의 자의식은 봉건사회와의 투쟁이 될 수밖에 없었기 때문이다. 또한, 빼앗고 짓밟고 지배하려는 제국주의의 총칼과 당연히 부딪히는 일이었다. 그들의 지시에 yes로 응하지 않는 당돌한 김마리아를 일본 편에서는 국적國賊이라고 했다.

"나는 일본의 연호를 모르는 사람이라" 고 하며 일본의 지배를 인정하지 않는 도도한 자존심은 어디에서 나왔을까? 연동 여학교에 들어가기 전, 삼촌인 김윤오 집에서 기거한 적이 있었다. 김형제상회를 경영하고 있던 삼촌 집에 도산 안창호, 김규식, 이동휘 선생 등이 드나들며 항일 구국을 펼치는 것을 보아왔던 내력 때문일 수도 있다. 셋째 고모인 김순애(김규식의 부인)가 상해에서 독립운동, 셋째 삼촌인 김필순도 만주에서 독립운동, 정신 여학교에서 받은 기독교 교육과 민족의식 등이 마리아의 자아 정체감을 확고하게 했을 것이다. 집안 분위기와 교육의 중요성이 절감되는 예다.

「신문으로 보는 김마리아」(사단법인 김마리아 선생기념사업회), 「독립운동자료로 보는 김마리아」(사단법인 김마리아 선생기념사업회), 「김마리아 나는 대한의 독립과 결혼하였다」(박용옥著, 홍성사出), 「김마리아」(김영삼, 한국신학연구소)를 읽는 데 며칠이 걸렸다. 밑줄을 그어가며 읽는 내내 가슴에도 굵은 줄을 그었다. 예상했던 대로 한 문장 한 문장이 무겁다. 아프다.

1944년 3월 13일, 해방을 1년 5개월 앞두고 평양 기독병원에서 사망한다. 분홍 수의를 입혀줄 것과 화장하여 대동강 물에 뿌려달라는 유언이 있었다. 마리아 선생이 공부한 세월이 무상하다.

보라매 공원엔 아직 녹지 않은 눈이 여기저기 보인다. 1983년에 김마리아기념사업회가 결성되어, 1989년에 김마리아 동상을 보라매공원에 세웠다. 보라매공원은 공군사관학교가 있던 자리다. 청주로 교사校舍를 옮기자 이곳을 공원으로 만들었다. '하늘을 높이 날아오르는 매서운 매처럼, 김마리아 선생도 구한말에 너무 높이 날아오르느라 고달프고 외로웠던 한 마리 매는 아니었을까? 하는 생각을 해본다.

"높이 나는 새가 멀리 본다."라는 말이 있다. 너무 높이 날아올라서 일제로부터 치욕적인 고문을 받아가며, 온몸으로 격동기라는 격랑을 넘어온 것은 아니었을까? 아픈 역사의 한 페이지라고 덮어둘 수만은 없는 일이다.

모든 것이 풍요로운 세상이 되었다. 배고픔에 시달렸다는 미국 망명 시절, 마리아 선생의 배고픔을 우리가 기억했으면 좋겠다. 아니 나라를 잃고 헤매던 그 시대 모든 이들의 배고픔을 기억했으면 좋겠다. 배고픔을 참아가며, 병마와 싸워가며 미국 망명 시절 내내 학위를 받은 마리아 선생. 선생은 참으로 높이, 멀리 날아올랐다.

"우리 부인도 국민이다.
국권과 인권 회복을 향하여 전진하고 후퇴할 수 없다."
마리아 선생의 말이다.

"김마리아는 자라서 대한민국 애국부인회를 이끌고 누구도 따를 수 없는 큰 애국 운동을 했습니다. 김마리아 같은 여성 동지가 10명만 있었던들 한국은 독립이 되었을 거라고 미국에서 1923년 봄에 말한 적이 있어요(1943년 대보산장에서)." 도산 안창호 선생의 말이다.

보라매 공원에 겨울바람이 차다. 꽃이 반발한 봄에 다시 찾아오면,

마리아 선생이 좋아하셨다는 분홍색 꽃들도 피어있겠지. 그때 마리아 선생은 영원히 또 영구히 우리 마음속에 기억되고 기억될 거라고. 많은 이들의 가슴으로 이 글을 꽃잎처럼 널리 널리 날려 보내고 싶다. 표현력과 문장력이 짧은 게 아쉽기만 하다. 밤을 새워서라도 마리아 선생에 대한 글을 써서 기리고 싶다. 며칠째 세 권의 책을 읽으며 선생의 일생을 함께 따라가 보았다.

그리고 오늘 나는 여기 보라매공원을 방문하여 김마리아 선생 동상 앞에 섰다. 아담한 크기의 김마리아 선생이 동상으로 서 있다. 서양식 구두, 두루마기를 입은 모습이 단아하다. 둥근 테 안경을 쓰고, 단정한 짧은 커트 머리를 하고 있다. 두 손으로 책을 받쳐 들고 있다.

"너무 늦게 찾아와서 죄송합니다. 김마리아 선생님."

고개 숙여 인사를 올렸다. 어디서 "구구구" 비둘기 우는 소리가 들린다. 겨울인데도 참새들이 포르르 날아다닌다. 운동을 나온 이들이 빠른 걸음으로 운동장을 돌고 있다. 나도 그들 틈에 끼어 걷기 시작한다. 계단 몇 개 위에 서 계신 마리아 선생을 올려보며, 여러 번 손을 흔들어주었다.

"여기에 우리들이 있어요. 당신을 기리기 위해 찾아온 우리들이…."

마리아 님에게 보내는 편지 2

마리아님, 어디에 계시나요?
계신 곳이 춥지는 않나요?
그곳에서는 꽃길만 걸으소서
그곳에서는 배고프지 마시고
책은 내려놓고 공부는 좀 덜 하시고
이제 좀 편하게 쉬셔요
우리가 할 거예요
우리 후손들이 당신을 기억할 거예요
영원히 당신의 아픔을 잊지 아니하고
영원히 당신의 여성 후배들이

아마 착한 남성들도 당신을 기릴거예요
영원히 당신을 전하고 또 전할 거예요
보라매 공원을 이제야 찾아와서 죄송해요
당신이 그때 그렇게 치욕을 당했다는 말을
어디선가 들었었는데
이제야 당신을 기립니다
이제야 당신을 진정으로 이해합니다
이제는 당신을 잊지 않을 겁니다
우리 모두

2021. 1.31. 강소이 시인 올림

나라를 빼앗기고
밥그릇을 빼앗겼던 이들이,
국권을 되찾으려고
안간힘을 썼다.

이방인들도 참여한 독립운동 2부

아나키스트(이희영, 백정기)의 독립운동

7. 상해임시정부에 들러
8. 인연 - 헐버트가 잠든 선교사 묘역에 다녀와서
9. 스코필드의 자전거
10. 금싸라기 땅을 버리고 떠나는 사람들 —우당 이회영 선생
11. 어느 아나키스트의 눈매 —백정기 의사를 찾아서
12. 진촌의 일곱 살 소년에서 대한독립군정부
정통령이 되기까지 —이상설 선생

상해 임시정부에 들러

겨울방학을 이용하여 중국으로 여행을 가고 싶다는 생각에 이곳저곳을 검색하다가, 상해에 다녀오기로 마음을 굳히게 되었다. 중국 여행은 비자를 따로 받아야 하므로 예약을 하고 1주일을 기다려야만 했다.

중국 여행 여러 곳 중에 상해를 선택했던 데에는 임시정부에 가보고 싶어서였다. 그러나 상해 임시정부는 여행 상품에 포함되어 있지 않았다. 여행 첫날부터 여행사 가이드에게 단단히 부탁해 놓았었다. 임시정부에 꼭 데려가 달라고….

임시정부에 갈 수 있었던 것은 여행 3일째 되던 날이었다. 그날 아침에 일어나 나는 몹시 괴로웠다. 전날 잘못 먹은 게 있었는지, 내 몸 상태는 말이 아니었다.

호텔 조식도 놓친 채 가이드의 안내대로 주자각에 들러 쪽배를 타고 운하를 구경한 뒤, 상해에 있는 중국 옛 거리와 중국 예술인의 거리(타이캉 루)를 둘러본 후, 한국의 청담동에 해당한다는 신천지新天

地를 둘러보게 되었다. 마치 프랑스에 온 것 같기도 하고, 이탈리아에 온 것 같기도 했다. 외국풍의 건물과 외국 간판의 상점들과 고급 레스토랑과 바(bar)들이 즐비했다. 화려함 그 자체였다.

여행사 가이드는 일행을 신천지에 놓아둔 채, 나 한사람만을 임시정부로 데려가 주었다. 신천지 상점들에서 큰길을 건너 약 백미터 정도를 걸은 것 같다.

허름한 연립주택이 밀집해 있는 곳에 푸줏간에 날고기도 걸려 있고, 도둑을 막으려는 듯 집집마다 철창을 빼곡하게 두른 속에 빨래들도 펄럭였고… 그 줄 끝에 대한민국 임시정부 청사가 있었다.

문을 닫을 시간이 다 되었다고 입장을 시켜주지 않으려 했다. 가이드가 사정사정을 한 뒤 옆문으로 간신히 들어갈 수 있었다. 친절한 한국인이 안내해 줄 것을 기대한 것은 잠시였고, 얼굴에 주름이 가득한 중년의 중국 여인이 중국어로 신발에 비닐을 끼우라고 했다. 중국 여자의 눈치를 봐야 하는 게 못마땅한 생각이 들었다.

'아! 그렇지. 여기는 중국 땅이고 중국은 사회주의 국가이니 이런 제제가 있을 수 있겠구나!' 하는 생각으로 마음을 추스르며 들어가게 해준 것만도 감사하게 생각하며 얌전히 관람을 시작하였다.

태극기가 벽에 크게 붙어 있었고, 김구 선생이 집무실로 썼다는 좁은 방과 부엌, 접견실인 듯한 곳을 둘러보는 데는 그리 오래 걸리지 않았다. 남의 나라 땅에 와서 이렇게 허름한 곳에서 셋방 살이를 했을 그 시대 우리의 현실 앞에 눈물이 쏟아지기 시작했다.

윤봉길 의사와 이봉창 의사의 의거가 있은 후, 일본이 중국을 침략한 후부터 탄압과 감시가 심해져서 상해에서 항주, 난징, 충칭까지 옮겨 다니며 숨어서 독립운동을 했다는 설명을 읽고 한참을 울었다.

멍들었던 우리 역사의 살점들이 시퍼렇게 쑤셔오는 것 같았다.

이곳까지 와서 임시정부를 만들어 독립 운동에 전 생애를 불살랐던 김구, 안창호, 서재필, 이동녕 등… 그들에게는 자신의 안위와 가족과 단란한 행복보다는 조국의 독립이 우선이었나 보다.

참으로 위대한 사람들이라는 생각을 하다가 옆에 있던 여행사 조선족 가이드의 설명에 다시 한번 눈물이 쏟아졌다. "그 당시 김구 선생이 월세도 꼬박꼬박 내지 못했었고 하루에 한 끼씩밖에 먹지 못 했지만 간판은 내리지 않았었답니다." 독립을 위한 그들의 희생이 얼마나 대단했나 하는 생각이 들었다. 임시정부를 나오기 전에 성금함에 지폐 몇 장을 넣으면서 왜 그리도 손이 부끄럽던지…

우리나라는 분명히 독립을 했다. 정치적인 자주 독립국가임에 틀림이 없다. 그러나, 우리나라 거리에 나가 보라. 우리 글, 한글이 있음에도 불구하고 간판의 40% 이상이 영어로 쓰이어진 것들이 버젓이 걸려 있지 않은가?. 빵집 이름, 커피 전문점 이름, 옷가게, 술집 이름, 심지어 병원, 약국 이름들까지… 우리나라가 독립국임이 분명하다면 이 땅의 주인이 우리나라 사람들이 분명하다면 거리에 간판들부터 한글로 써야하지 않을까?

남의 나라에서 셋방살이하던 시절, 중국 땅에서도 '대한민국임시정부' 라는 한글 간판을 걸고 독립을 위해 일했던 저들의 마음을 만분의 일이라도 본받아야 하지 않을까?

그들이 독립을 위해 흘렸던 피가 헛되지 않게 하기 위해서라도, 우리글을 자주적으로 써야하지 않을까?

영어로 된 간판을 걸어 놓아야 그럴듯 해 보이고, 멋있어 보인다고 여긴다면 우리들은 참으로 주인의식이 없는 국민일 것이다.

국제도시라는 상해를 여행하면서 아무리 유심히 찾아보아도 영어로 된 간판은 1% 정도밖에 볼 수 없었다. 사회주의 국가라서 국가의 간섭과 제제가 심해서 그런 걸까? 우리나라는 자유민주주의 국가라서 우리글을 버리고 영어 불어로 된 간판을 사용하는 것도 자유롭게 허락해 주고 있는 것인가? 다른 것은 몰라도 그것만은 개선해야 하지 않을까?

한글로 시를 썼다는 이유로 일본 후쿠오카 형무소에서 29세에 죽어간 우리의 윤동주 시인을 생각하자. 독립운동을 하다가 목숨을 바친 수많은 목숨을 생각하자.

이 나라의 주인이 우리 한국이라면, 거리의 간판부터 우리 글로 써야 하지 않을까? 우리나라를 방문한 외국인들을 위한 배려라면, 한글 밑에 작은 글씨로 영어로 한 줄 더 적어주는 것은 어떨까?

大韓民國臨時政府

상해 야경
대한민국 임시정부 입구와 그 내부
(사진출처: Daum)

상해 임시정부

姜 笑 耳

상해 임시정부 앞에 쭈그리고 앉아
성금함에 퇴계선생 그려진 지푸라기 몇 닢 넣었다
눈보라 치던 밤을 이제야 찾아온 오늘에서야

희뿌연 상해 하늘
집집마다 널어놓은 빨래도 마음대로 펄럭거리는데
눈치 보던 태극기
여저기 어둠을 더듬던 다섯 손가락
세 들어 숨죽인 시커먼 푸른 멍, 살점들

동방명주 타워 그늘 신천지,
상해 야경夜景 불빛, 불꽃놀이 번쩍번쩍
하늘 맑아 푸르른 상해 하늘 한 켠에
그들 숨소리
반백년을 울어도
반백년을 당신에게 허리 꺾어도
그 소리만 어혈처럼 깊다

인연

- 헐버트가 잠든 선교사 묘역에 다녀와서

인연의 끈이 잡아당겼음일까? 그의 양화진 묘역을 다시 찾은 건 꼭 10년 만이다. 10년 전 2011년 8월 5일이었다.

"헐버트 62주년 기념식이 '양화진 외국인선교사묘원' 에서 있는데 같이 갑시다." 월간 [순국] 편집장의 제안이었다.

헐버트가 누구인지도 모른 채 따라나섰던 길. 8월 뙤약볕이 매우 따가운 날이었다. 하얀색 건물-마치 사각형 기둥을 포개어 세운 듯한 교회(선교 100주년기념교회)에서 열린 헐버트 박사 추모 행사. 유화로 그린 헐버트 박사의 초상화와 고등학생이 헐버트 박사에게 보내는 편지를 읽었던 기억이 전부다. 그 학생은 "한국인의 친구이며 한국을 한국인보다 더 사랑한 박사님" 이라고 했던 것으로 기억된다.

10년의 세월이 흘렀다. 가까운 거리에 있는데도 그곳을 다시 찾아갈 생각도 이유도 없었다. 잊고 살았다고 하는 게 맞을 것이다.

독립운동가 역사 유적지를 탐방하고 기행 수필을 써온 게 9년째 하는 일이다. 독립운동가 역사 수필집을 두 권 냈다. 세 번째 책을 준비하면서 헤이그 특사(이상설, 이준, 이위종)에 대한 글을 쓰느라 몇 달 동안 분주했다. 세 분의 독립운동가들에 관한 관련 서적을 읽다 보니, 헐버트 박사가 구한말 근대사에 깊이 관련되어 있다는 것을 알게 되었다. 10년 전에 뇌리에 점 하나 찍었던 미국인 선교사 헐버트 박사.

'고종황제의 백지위임장을 헤이그까지 가서, 밀사 3인에게 전해주고 그들과 함께 한 일' 에 헐버트 선교사가 깊이 연관되어있는 역사의 고리. 뭔가 찾아내고 싶은 마음이 요동친다.

10년 전 8월 여름, 한나절 여행의 기억이 헤이그 특사 3인의 시베리아 횡단 열차의 긴 여행처럼 아득하게 기억되던 지난 2020년 9월. 다시 그의 묘를 찾았다. 하늘이 맑았다. 무섭거나 어두운 분위기가 느껴지지 않았다. 외국영화의 한 장면을 보는 듯한 고즈넉한 100여 년 전 외국인 선교사들의 묘지. 대부분이 기독교 선교사들의 묘원이다. 그래서 '기독교 성지' 라고도 불리나 보다. 당산 철교가 묘원 저만치 왼쪽으로 지나간다. 구한말 역사의 한 페이지가 고즈넉하게 가을 하늘 아래 풍경화 한 폭으로 고요하다. 그곳에 영면하고 계신 분 중에 헐버트 박사의 묘지가 있다. B-7 구역. 묘지마다 비석이 세워져 있고, 비석 옆에는 묘목도 심겨 있다. 누군가 관리를 잘하고 있는 듯한 정돈된 분위기다. 헐버트 박사 비석 옆에 세워진 나무 이름이 무엇인지를 알 수 없으나, 잘 다듬어진 초록빛이 소담한 나무 그늘, 그의 묘역 앞에는 "건국훈장 독립장, 금관문화훈장"이라고 쓰여있다. 을사늑약에 대한 불법성을 국제사회에 알린 노력-을사늑약이 무효하다는 고종의 친서를 미국 루스벨트 대통령에게 전달하려다 실패한 일-이 있었다. 고종황제의 백지위임장을 헤이그까지 가서 헤이그 특사 3인에게 전달하며 밀사들을 도왔다. 그런데, 금관문화훈장은 또 무엇인지? 의아한 호기심을 갖고 주변을 둘러보았다.

고종이 열강들의 침략 소용돌이 속에서 나라의 인재를 길러야겠다고 육영공원(한국 최초의 근대적 명문 귀족 공립학교)을 세웠다. 그때 영어 교수로 한국에 첫발을 디뎠다.[1] 사람의 운명이 따로 있는지도 모른다. 아니다. 헐버트 선교사의 선택이었을 것이다. 그는 미들베리대학 총장의 아들이었다. 가문이 좋다고 해야 할까? 그의 어머니도 다트머스 대학교 창립자였다. 교육자의 가문이다. 그런 헐버트는 1886년 24세 젊은 나이로 동양의 작은 나라에 왔다. 그는 왜 그 선택을 했을까? 멀고 먼 미지의 한국 땅. 그때 조선은 미개했고, 미국인이 생활하기에는 불편한 게 많았을 텐데…. 호머 헐버트 청년(24세)의 선택은 그의 운명을 바꿔놓았을지도 모른다. 고종황제의 교수 초빙. 그는 그렇게 조선과 인연의 첫 단추를 끼웠다. 육영공원이 재정난 등의 이유로 3년 만에 폐교하자 헐버트는 미국으로 돌아간다. 거기서

1) 육영공원에 교사를 파견해달라는 요청으로 길모어, 벙커와 함께 조선에 입국.

그쳤으면 어땠을까? 그는 미국에서 감리교 선교사 자격을 취득하고 다시 조선으로 귀환한다(1891년에 떠났다가 2년 만의 귀환) . 무엇이 그를 다시 오도록 잡아끌었을까? 조선에 매료된 무엇이 있었을까? 헐버트 박사와 조선의 인연의 끈은 길고 깊었나 보다.

합정동 양화진 기독교 성지에 누워 계신 헐버트 박사. 그분에 대해서 더 자세히 알고 싶어졌다. 2020년 9월에 그분의 묘를 다시 찾아갔다. 9월 하늘은 청명했다. 양화진. 양화진은 예전에 버드나무꽃이 매우 흐드러졌던 곳이다. 물이 깊고 큰 배들이 운항할 수 있어서, 제물포항에서 한양으로 들어오는 물자들이 양화진 나루터를 거쳤다고 했다. 지금은 나루터의 흔적을 전혀 찾을 길이 없고, 강변북로로 자동차들만 쌩쌩 달린다. 오염된 한강은 느리게 아니 아주 완벽히 빨리 서해를 향해 흐르고 있다. 외세의 침입과 더불어 이 땅에 들어오기 시작하던 외국 선교사들. 그들은 조선에 학교와 병원을 세우고 미개한 조선을 개화하고 서구 문명과 학문, 종교를 심으려 주력했다. 덕

양화진에 있는 헐버트박사의 묘

분에 개화가 쉽게 이뤄졌다고 보는 시각도 있지만, 선교사들을 먼저 들여보내 조선의 물정을 탐색하는 도구였다고, 제국주의 침략의 선행적 행보였다고 보는 비판적인 시선도 있다. 어떤 견해가 맞는지는 각자의 생각에 맡기기로 하자. 조선의 정체성을 이해하고 조선에서 대한제국, 대한제국에서 대한민국으로 격변했던 구한말. 우리와 고통을 함께 하며 진정으로 우리의 안위를 위해 헌신을 보인 분이 호머 헐버트 박사였다는 사실 앞에서는 마음의 무릎을 꿇지 않을 수가 없다.

김춘수 시인이 '꽃' 이라는 시에서 노래한 것처럼, "잊히지 않는 하나의 의미"와 무의미한 몸짓에 대해 생각해 본다.

아무 상관 없는 것으로 보이던 헐버트 박사에 관해 관심을 두고 그의 유적지를 둘러보려 해도 찾을 수가 없다. 양화진 묘지와 비석이 전부다. 서재필과 양주동 박사를 도와서 '독립신문' 영문판을 헐버트 박사가 편집했다고 했다. 독립신문 발간 터가 정동에 있다는 것을 이번에 새롭게 알게 되었다. 독립신문 발간 터도 들러보기로 한다. 헐버트 박사에 대한 서적을 구해서 읽는 것이 그분에 대한 여행의 전부가 될 것 같다. 그가 재직했던 육영공원도 자취를 감추었고, 그 근처에 세웠다는 독립신문사도 헐렸고, 그분이 잠시 교직을 담당했다는 제중원 학당도 사라졌고, 헐버트 선교사에 관한 유적지는 오직 묘역이 전부다.

며칠 전(2020년 12월 30일) 다시 그의 묘역을 찾아갔다. 세모의 끝자락 겨울 한날의 풍경화는 9월과 사뭇 달라져 있다. 앙상해진 나뭇가지들. 마른 갈색으로 덮인 묘원. 쓸쓸해 보인다. 겨울의 풍경화 속에 여전히 "독립유공자-건국훈장 독립장-금관문화훈장"이라는 묘지 앞 푯말만은 또렷하다.

자신의 사비를 들여 한국어를 배우고, 한국어를 배운지 3년 만에 「사민필지」[2] 라는 책을 저술한 이가 헐버트 박사다. 모국에 대한 애정을 품고 있어야 할 조선인들이 하지 않은 일이다. 하지 못한 일이다. 그 일을 미국인 선교사가 해냈다는 일이 충격적이다. 그뿐 아니라, 우리의 민요 〈아리랑〉을 악보로 만든 이가 헐버트 박사다. 우리의 정체성을 버리고 사대주의에 빠져, 우리 글이 있음에도 한글을 천시하여, "언문, 아녀자의 글"이라고 했던 조선의 유학자들. 그러나 헐버트는 한글의 우수성을 발견하고 〈한글(The Korean Alphabet)〉[3]을 저술했다. 금속활자와 거북선 등 우리 문화에 대한 논문을 발표했다. 고종의 윤허를 받고 「대한제국 멸망사(The Passing of Korea)」를 썼다. 역사, 산업, 사회제도 등 6개 장으로 쓰인 대한제국에 대한 외국인의 시선.

서재필과 주시경 선생을 도와 〈독립신문〉 창간에 힘썼다. 조선인들을 위한 한글판과 외국인들을 위한 영문판 지면이 있었다. 영문판은 헐버트 박사가 편집을 도맡았다. 여기서 놀라운 것은, 주시경 선

---

2) 사민필지 : 최초의 한글 지리사회 총서 교과서

3) 논문 1902년(40세)

생과 함께 우리글에 띄어쓰기와 마침표를 문장에 시행하게 된다. 영어의 띄어쓰기를 한글에 적용한 것이다. 띄어쓰기를 통해 문장의 소통을 원활하게 하고자 함이었을 것이다. 우리 글에 대한 이해와 통찰력으로 우리가 해냈어야 할 일이었다. '이런 것들이 그를 금관문화훈장을 받게 했나 보다.' 하는 깨달음으로 겨울의 양화진 묘역을 둘러본다. 조용히 흐르고 있을 한강 물소리는 들리지 않고, 합정동 시가지의 높은 빌딩들 속에 고요하게 누워계신 헐버트 박사의 비석에는 "Man of Vision and friend of Korea"라는 글귀가 명징하다. "목표, 꿈의 사람이며 한국의 친구"라는 구절이 가슴을 파고든다. 그의 비전은 무엇이었을까? 고종황제 옆에서 국권 회복을 도운 믿을만한 외국 선교사. 고종황제의 침소에서 불침번을 서면서 고종의 안위를 염려해주었던 외국인.

1907년에 헐버트 박사가 이 땅을 떠난 것은 엄밀히 말하면, 일본에 의해서 추방당한 것이라고 보아도 과언이 아닐 것이다. 헤이그 특사를 도운 것을 일본이 모를 리 없었다. 일본이 헤이그 특사 중 이상설에게 궐석재판을 통해 사형선고를 내렸다. 이위종에겐 무기징역을 선고한다. 순국한 이준 열사에게까지 무기징역을 선고한다. 헤이그에 밀사를 파견한 일로 인해 고종은 폐위되었다. 그런 기류 속에서 일본은 헐버트 박사에게 추방의 압력을 넣었던 게다. 조선의 외교권을 빼앗은 일본이 미국인인 헐버트 박사의 행보를 강제할 수 없었을 텐데…. 압박하는 분위기를 조장했을 것이다. 어떤 기록에서는, 1907

년 헤이그 평화클럽에서 일본의 부당함을 질책하고 미국으로 떠났다고 적고 있다.

그가 1907년 45세의 나이로 대한제국을 떠났다가 다시 돌아온 게 1949년 7월 말이었다. 가족들의 반대를 무릎쓴 혼자만의 고집이었다. 제물포항에 내리고 일주일 만에 세상을 떠났다. 어쩌면 그는 이 땅에 묻히기 위해서, 묻힐 곳을 찾아 먼 뱃길을 해치고 왔는지도 모른다. 42년 만의 귀환이다. 그리고 그 귀환은 아무도 추방하지 않을 영원한 귀환-가족들을 미국에 남겨둔 고독한 영면이 되었다.

그는 1886년, 1891년, 1949년 세 차례 한국 땅을 밟았다. 1886년에는 육영공원 영어 교수로 1891년에는 감리교 선교사로, 1949년에는 이승만 대통령의 초빙에 의한 국빈으로 왔다. 첫 번째 방문해서 5년간 머무르면서 교육자로서의 사명을 담당했다. 「사민필지」 책을 썼다. 1891년에서 1907년까지 16년 동안 조선에 머무르는 동안, 영문소설 「천로역정」을 한국어로 번역하여 최초 출판했다. 1901년에는 〈Korea Review〉를 발행, 영문으로 〈대한제국 멸망사〉 등을 출판했다. 기독교 서적을 주로 출판하는 삼문출판사를 운영하기도 했다. 또한 〈독립신문〉 일에도 관여했다. 1907년 미국으로 돌아가 매사추세추주 스프링필드에서 목사로 목회를 했다. 1949년 한국 땅에 세 번째 방문 후 한국 땅에서 영면에 들었다. 그의 일생은 교육자, 출판 언론인, 저술인, 종교지도자 등의 길을 갔다고 해야겠다. 그러나 우리 역사는 그를 한국 독립유공자, 한글을 사랑한 문화훈장의 수여자로 손

Yanghwajin Foreign Missionary Cemetery
양화진외국인선교사묘원

육영공원에서 수업 중인 H.B Hulbelt 선교사

양화진 외국인선교사 묘원 표지말
독립신문사 터
육영공원에서 수업중인 헐버트
정동 러시아공사관
육영공원
선교 100주년 기념교회
육영공원-현 시립미술관오르는 언덕길
헐버트 관련서적

꼽는다. 누구는 자신의 나라를 팔아먹었고, 누구는 자신의 나라도 아닌 한국을 사랑했다.

나도 그의 묘지를 세 번 찾았다. 2011년 8월, 2020년 9월, 2020년 12월. 갈 때마다 묘비 밑에 누워계신 그분은 아무 말이 없다. 8월의 따가운 햇볕과 9월 청명한 하늘, 겨울바람이 심해 발이 시렸던 12월의 행보. 말 없는 묘비는 조용한 웅변을 하고 있다. 한국과 깊은 인연의 고리를 가졌던 헐버트 선교사. 뜨거웠고 시린 한국의 구한말 역사의 한 페이지에 버들꽃처럼 피어계신 분. 버들꽃 솜처럼 양화진 언덕에서 우리 한국인들의 가슴에 날리고 있을 것 같다. 날씨가 풀리면, 다시 방문해서 마음 가득 고마움을 올려드리고 싶다. 그때는 꽃 한 다발 바쳐야지. 한글을 사랑해주셔서 감사하다고, 국어를 사랑하는 문학도의 한 사람으로서 그냥 있을 수만은 없다고. 향기 있는 꽃은 향기를 뽐내지 않아도, 10년이 지나도 그 향기를 좇아 다시 찾아오는 이의 발걸음이 있다고 외우면서. 헐버트 박사님.

(2020년 12월 31일 자정)

*참고문헌 : 「대한독립을 빛낸 헐버트와 초기 기독교선교사」(유성실著, 현대사포럼出)

버드나무 사라진 양화진에

-헐버트 박사 묘지를 보며

姜 笑 耳

버들가지 늘어졌던 나루터에
제물포에서 나룻배 드나들었지
물가에 버들가지 낭창낭창
찰랑이던 그림자 사라지고
당산 철교가 달린다
화물을 잔뜩 실은 바퀴가 바쁘다
철교 위로 내리는 붉은 노을 속에
달리는 강변북로를 멀리 바라보며
누워계신 버들꽃

제물포에 내려 이레 만에 묻혔지
양화 나루 언저리 언덕에
버드나무 대신
지나는 바람에 실려 버들 솜 꽃으로
너에게도 산들바람 전하려고
짙붉은 마음 전하려고

스코필드(石虎弼)의 자전거

1.

6년 만에 화성시 향남면 향남읍 제암리를 다시 찾았다. 여전히 공기도 맑고 조용한 시골 마을. 봄에는 복사꽃이 뒷산에 흐드러졌다고 했다. 2014년 3월에 찾았을 때는 모내기 전이라 논들이 황량했다. 이번에 찾았을 때도, 제암리 3·1운동 기념관 앞에 너른 들판-논에는 겨울의 쓸쓸한 바람만 불고 있었다. 기념관 앞으로 뜰이 넓다. 그 오른쪽에 민가 몇 채가 있고 도로 건너편은 들판이다. 저 멀리 아파트촌도 보인다. 지금부터 102년 전에 이곳에서 있었던 일에 대해서는 지나는 구름과 바람만 기억하고 있을까? 기념관 왼쪽으로 제암리 교회가 있다. 기념관에서 나와 오른쪽 계단을 올라가면, 24위의 합동 묘가 있다.

1919년 4월 15일 제암리 교회에 마을 사람들을 모아놓고 창문으로 총을 쏘아 대었다. 밖으로 나오지 못하게 밖에서 나무문에 못질하고 교회에 불을 질렀다. 그 당시는 초가지붕이었던 교회에 불이 붙었고, 안에 있던 사람들은 모두 불에 타 죽었다.

제암리에서 그런 일이 있었다는 것을 월간 [순국] 편집장에게서 듣고, 다음 날(2014년 3월) 서울역에서 기차로 수원까지 갔다. 수원에서 발안을 지나 화성 제암리까지 40 여분 버스를 타고 찾아갔다. 제암리 기념관 관장님으로부터 자세한 설명을 듣고 〈불타는 제암리〉라는 여행 수필을 써서 월간 [순국]과 [한국인], NGO 신문, 여러 문예지 등에 발표하곤 했다. 원고 청탁이 들어올 때마다 보냈던 글이다. 순국선열을 소재로 쓴 첫 번째 수필이었기에 애착이 가는 글이었다. 2020년 1월에 [독립운동가 숨을 만나다] 1권 115쪽에도 그 글을 실었다.

2020년 12월 27일, 다시 제암리 순국기념관에 찾아갔다. 이번엔 서부간선도로를 타고 화성을 통해서 쉽게 갈 수 있었다. 자동차 바퀴는 1시간 10분 만에 6년 전 제암리 방문의 때로 나를 데려다 놓았다. 코로나 19가 엄중한 시기라 기념관을 둘러볼 기대도 하지 않은 채, 기념관 마당 오른편에 있다는 스코필드 박사 동상을 보며 주변을 둘러보는 게 이번 여행의 목적이었다. 6년 전 방문 때는 설치되어 있지 않은 조형물이다. 1919년에 희생된 24분의 선열들을 형상화한 청록색 조형물과 3 · 1운동 순국기념탑, 24위 공동 묘만 있었다. 묘 앞에서 묵념하면서 묘역으로 올라가는 돌계단과 주변에 태극기가 휘날리는 것을 보았던 기억이 있다. 6년이 흐른 이번 여행에도 변함없이 태극기가 휘날리고 있다. 묘 앞에서 '꽃 한 송이' 가져오지 못한 정성 없음을 한탄했었는데, 이번에도 꽃집을 찾지 못하고 그냥 빈손으로 간 게 송구할 뿐이다. 그리고 6년이라는 시간을 돌이켜 본다.

'여기를 다녀간 이후에 독립운동가들에 관한 글을 써서, 연재를 계속해 오고 있고, 관련 저서를 두 권이나 냈다. 다른 역사유적지 수필도 한 권, 시집도 한 권 냈으니, 열심히 살았다. 만약 6년이 지난 다음에 이곳을 다시 방문하게 된다면, 그때 나의 주소는 어디에 있을까? 힘들더라도「독립운동가 숨을 만나다」책을 계속 써서 시리즈로 4권이나 5권쯤을 출간한 관록 있는 작가가 되어있을까?'

유적지를 찾아다니고 그 유적지나 선열에 관한 서적을 구해 읽고, 사진이 미비하면 몇 번씩 다시 찾아가고…. 한 꼭지 글을 마무리하는 것은 쉬운 일이 아니다. 이제 손을 놓고 싶다는 생각을 잠시 했다. 그런 내 뒤통수를 한 방 때리는 자전거와 스코필드 동상.

그날따라 매섭던 날씨도 풀려서 포근한 햇살이 내리고 있다. 겨울 하늘은 맑았다. 사진을 찍는 내내 부신 햇살이 성가시기만 하다. 하나의 주조물에 불과한 높은 콧날의 스코필드 동상과 자전거. 카메라를 목에 걸고 어딘가를 노려보는 서양인 형상의 주조물. 사진 속에서 보았던 삐쩍 마른 체구의 그 사람. 조형물에도 혼이 깃들까? 해서 벼르고 별러서 찾아온 내게 호랑이 같은 목소리로 단호하게 말하는 것일까?

제암리 학살 사건에 대한 일은 이미 6년 전에 썼으니, 익히 알고 있는 일이고, 그 일을 스코필드 박사가 [꺼지지 않는 불꽃]이라는 제목으로 원고를 썼다는 것도 알고 있다.

'그러나 그가 왜 그런 일을 했는지?' 가 궁금한 것이다. 그는 의학도다. 자연과학을 공부한 사람들은 매우 현실적이고 냉정하다. 실험과 검증에 의한 것을 좋아한다. 에비슨 박사의 초청으로 1916년에 세브란스 의학전문학교에 와서 세균학과 위생학을 가르치던 의학 교수다. 우리나라 사람도 아닌데, 어떤 이유로 서울역에서 기차에 자전거를 싣고 화성까지 찾아왔을까? 그리고 불에 타서 폐허가 된 제암리와 수촌리 화수리 사진을 찍고, 불에 타서 죽은 사람들을 모두 모아 공동묘지에 묻어주었을까? 살아남은 사람들을 며칠씩 찾아가서 치료해주고 위로해주었을까? 다리도 불편한 소아마비 환자가. 21세에 소아마비에 걸려서 왼손과 오른쪽 다리가 마비되어 지팡이를 짚고 다녔던 사람. 성한 왼쪽 발에 힘을 주어 한쪽 발로 자전거를 타고 제암리를 찾아왔던 그 사람. 그 사람은 왜 그런 일을 했을까? 멍한 호기심을 갖고, 「석호필, 민족대표 34」[1] 라는 책을 읽기 시작했다. 이틀만에 그의 전 생애를 송두리째 읽어냈다.

스코필드 박사의 인생을 생각하니, 마음이 아려온다. 가난한 영국 초등학교 수학교사의 아들로 태어난 그는, 위의 형과 누나들을 공부시키느라 재정적인 어려움이 많은 부친의 바람대로 대학 진학을 포기한다. 가축농장에서 몇 년씩 일했으나, 급료도 받지 못하고 노동력 착취만 당한다. 그 당시 영국 사회 풍토는 지나치게 이해타산이 밝았기에, 스코필드는 캐나다에 혼자 이민을 간다(1907년). 한 농장에서 일하여 대학 학비를 마련한다. 토론토 대학교 온타리오 수의과대학에 입학한다. 대학 2학년을 마치고 갑작스러운 신열로 병상에 눕게 된다. 소아마비에 걸려 있었다. 캐나다에 오기 전 영국에부터 몇 년간 심한 노동에 시달리며 제대로 먹지도 못했기 때문이었다. 가난과 심한 노동이 부른 병이었다. 잠 잘 방, 세 끼 식사가 염려스러웠던 가엾은 스코필드. 가난과 고통을 심하게 겪어보았기에 어려운 사람들의 처지를 자기 처지처럼 안타까워하며 깊은 동정심을 갖게 된 계기가 된 게 아닌가 싶다. 한국에 와서도 제암리, 수촌리, 화수리 주민들의 고통을 외면하지 못했던 것은 청년 시절의 처절한 배고픔과 가난을 잊지 못하기 때문이 아니었을까? 다행히 그는 대학을 졸업하고 온타리오주 보건국 세균학연구소 조수로 일하다가 〈우유의 세균학적

1) 이장락 지음, 호랑이스코필드기념사업회 · KIATS

검토〉라는 논물을 써서 의학박사 학위를 받게 된다. 세균학연구소 조수에서 기사로 승진하고, 온타리오 대학에서 세균학 강사로도 일한다(1914년). 스코필드가 한국에 온 것은 온타리오 대학에서 강의가 무르익을 무렵, 1916년이었다. 1920년 다시 캐나다로 돌아갈 때까지 4년 동안, 세브란스 의전 교수로 있으면서 그는 한국의 독립을 도왔다. 1919년 3월 1일, 3 · 1만세 운동 때의 공헌이나 1919년 4월 제암리, 수촌리, 화수리를 도운 일도 그의 젊은 시절이었다. 27세부터 31세까지였다. 그의 아내는 그의 선교사 일을 싫어했고, 조선에 적응하지 못했다. 해서 그녀는 한국에 온 지 1년 만에 캐나다로 돌아간다. 한국에서 3년을 혼자 지내면서 스코필드는 한국을 돕는다. 세브란스 의전에서 세균학과 위생학을 가르치는 것이 그가 한 일의 전부가 아니었다.

2.

한국에 제암리 기념관 마당 오른편에 스코필드의 동상과 자전거가 있다. 목에 사진기를 걸고 바위에 앉아 어딘가를 노려보고 있다. 스코필드 박사가 아니었다면, 제암리 학살 사건이 그 당시 우리나라와 세계에 알려지지 않았을 것이라고 본다. 일본 경찰은 그들이 매수한 선교사를 통해서, 성질이 고약한 제암리 사람이 화재를 냈고, 바람이 심해서 다른 집에도 불이 번진 것이라고 거짓 조서를 꾸며놓은 상태였다. 그러나 스코필드 박사에게 마을 사람들이 전하는 말은 달랐다. 일본 순사들이 성냥을 들고 다녔으며, 제암리 교회에 사람들을 모이라 했다는 것과 총소리를 그들은 들었다고 했으니….

일본의 거짓 문서에 의해 그들의 만행이 덮일 뻔했다. 국권을 빼앗긴 힘없는 조선인들의 진실은 그렇게 묻힐 뻔했다. 총부리에 맞은 다리의 상처투성이 조선인, 총에 맞은 짓무른 어깨의 화농 등…. 세브란스 의전에서 세균학과 위생학을 가르치는 의학박사의 소견은, 일본 순사들의 말과 달랐다.

진실을 말하고 사진으로 남기고, 자신이 보고 들은 내용을 글로 써서 〈서울프레스 The Seoul Press〉[2]에 [수촌리 만행 사건에 대한 보고]라는 글을 투고했다. 제암리 학살 사건에 관한 글은 너무 비참해서 조선인들이 그 사실을 알면 반일감정이 고조될 터이므로, 모르는 게 좋겠다는 게 그의 의견이었다. 그리고 그는 298쪽이나 되는 분량으로 제암리 학살 사건에 관한 글을 썼다. 어떤 일이 일어났으며, 얼마나 많은 사람이 어떻게 죽었으며, 다친 사람들의 현상이 어떠했는지 며칠 동안 화성 제암리, 수촌리, 화수리에서 사람들을 고쳐준 이야기를 기록했다. 세브란스와의 4년 계약이 완료된 후, 그는 일본의 탄압으로 한국에 더 머물 수 없는 상황이 되었다. 그때. 298쪽이나 되는 원고를 며칠 동안 타이핑해서 사본을 만든다. 사본을 세브란스 지하 시멘트 바닥 속에 감춰둔다. 훗날 한국의 후손들이 발견하여 제암리 학살 사건에 대한 진상을 알게 되길 바라는 마음에서였을 것이다. 원

2) 야마가타 이소오가 발행하는 영어신문. 일본 정책에 비판적인 신문이었고, 신변안전을 위해 '어느 외국 친구'라는 이름으로 글을 실었다.

본은 무사히 캐나다로 가져갔지만, 영국 출판사 캐나다 출판사에서도 출판을 거절당한다. 일본의 만행을 세상에 알리는 일을 했다가 일본과의 관계가 악화될 것을 두려워한 어떤 두려움들 앞에 그 책은 출간되지 못했다. 이승만 대통령의 알선으로 워싱턴에 있는 한 출판사에 찾아갔으나, 그 출판사는 출판비용을 스코필드에게 부담하라고 했다. 경제적인 이유로 보류한 뒤 여기저기 한 꼭지씩 발표해 나가던 중, 출판사에 맡겨둔 원고는 행방을 감추었다. 끝내 세상에 나오지 못하게 되었다.

다행히, 세브란스 지하에 감춰두었던 원고를 파운드 박사[3]가 발견하여 정대위[4](정 데비드)가 보관했다. 정 대위는 스코필드의 요청으로 스코필드 박사에게 넘겼지만, 박사는 작고하면서 다시 정 대위에게 원고를 보낸다.

여기서 나는, 작가도 아닌 의사가 그런 일을 해낸 것에 대해 충격을 받지 않을 수 없다. 그 당시 우리나라에도 무수히 많은 작가가 있었지만, 아무도 그 일을 해낸 사람이 없지 않은가? 자기 나라의 일을 외면했던 당시의 작가들에게 "무엇을 하셨냐?" 고 물어야 할까?

다리도 불편한 외국인 의사가 해낸 일–고개 숙일 일이다. 그러나 그가 그 일을 해낼 수 있었던 것은 세브란스 동료였던 이갑성의 영향도 컸으리라. 항상 카메라를 목에 걸고 다니며 사진 찍는 것을 즐기

3) 세브란스전문학교에서 일하던 중 우연히 발견

4) 후에 건국대 총장이 됨.

는 스코필드를 이갑성[5]은 눈여겨 보아왔다. 이갑성이 찾아왔다. 1919년 3월 1일에 있을 거사를 카메라에 담아 외신에 알려주길 당부하려. "외국인이므로 일본의 감시와 제재에서 벗어날 것이고, 외국에 사진과 기사를 보내는 것도 수월할 것이다"라는 이갑성의 고견이었다. 의협심이 강한 스코필드는 종로, 광화문, 정동, 진고개(충무로) 등을 뛰어다니며 사진을 찍었다. 일본 상점 2층에 몰래 올라가 사진을 찍다가 도둑으로 몰려 빗자루로 얻어맞기도 하면서…. 그가 찍어준 사진으로 인해 3 · 1만세 운동하던 현장의 모습이 사진과 기록으로 남겨질 수 있었다. 고마운 일이다. '그 일을 우리 한국 사람이 해냈으면 좋았을 텐데….' 라는 생각을 해본다. 나라 안 내국인 보다, 외국인의 시선으로 더 정확히 포착할 수 있었을까?

그러면, 제암리 수촌리 화수리 환자들을 생각해 보자. 우리나라에도 그 당시 의사들이 있었을 텐데, 아무도 치료해주는 이 없는 그들을 치료해 준 건 캐나다 수의사였다. 일본의 탄압과 통제가 무서워서 우리 한국인들은 할 수 없는 일이었을까? "두려움"이 없는 수의사, "동정심"이 많은 수의사가 화성사람들을 외면하지 않고, 며칠 동안 계속 화성에 내려가 그들을 치료해주었다. 물론 진료비는 한 푼도 받지 못했을 것이다. 집이 모두 불타고 폐허가 되어 먹을 것이라곤, 들에서 따오는 산나물이 전부였다고 하니…. 하늘이 보낸 천사였을까?

5) 민족대표 33인 중에 한 사람.

다리가 불편한 천사. 그 당시 우리나라에 와있던 외국인 의사 선교사들도 많지 않았던가? 그 의사들은 그 일을 하지 않았다. 소아마비로 왼쪽 손과 오른쪽 다리가 마비된 스코필드만 그 일을 했다.

제암리 학살 사건에 부쳐

姜 笑 耳

진달래 복사꽃 뒷산에 불타고
봉홧불 밤마다 볼 밝았지
마을 사람들 마음도 온통 붉게 불붙었지

주일도 아닌데
예수쟁이 아닌 이들도 예배당에 모이라 했지
탕탕, 총소리 한 발 두 발
맨손의 흰옷 입은 남자들 쓰러지고
예배당 문에 나무판 못질
볏짚 얹은 초가지붕 이엉에 불 질렀지
바다 건너 섬나라에서 온 군화가

동쪽 끝 작은 나라,
흰옷 사람들 불길에 검게 불타도
타지 않는 서슬 시퍼런 마음 24조각
검은 연기, 잿더미, 인육 타는 냄새 가득했지
4월 15일 火요일, 1919년
두렁 바위 마을

3.

서대문형무소역사전시관은 우리 아파트에서 2분 거리에 있다. 독립공원을 우리 집 앞마당이라 여기고 수시로 산책하러 나가곤 한다. 스코필드 박사가 8호 감방과 인연이 있다고 해서, 나도 그곳을 다시 둘러 보았다.

역사전시관의 붉은 벽돌이 여느 날처럼 고즈넉하다. 8호 감방은 매표소로 들어가면 바로 왼편에 있다. 8호 감방 전시 벽에 스코필드의 사진이 노순경 열사의 이름과 함께 적혀있다. 이곳을 박사는 여러 차례 방문했다고 한다. 정이 많은 분이시니 동료간호사를 위로하기 위해서였을 것이다.

세브란스에 간호사로 있던 노순경이 독립운동을 하다가 서대문형무소에 수감된다. 그녀를 면회하러 간다. 동정심이 많은 사람이니, 가만히 있지 못했던 게다. 그 당시 아현동 비탈길에 거주했다고 하니, 서대문까지는 가까운 거리였으니 그리했던 것 같다. 노순경이 수감되어 있던 8호실 감방에는 유관순 열사와 어윤희, 임명애 등이 같이 있었다. 8호실 감방에 자주 들러 그들을 위로했다. 총독부에 찾아가 미즈노 총감에게 비인도적인 만행을 힐난하며 혹독한 고문을 하지 말 것을 당부했다. 그 후 8호실 감방에 무참한 고문이 중지되었다. 아무도 나서지 않는 일이다. 아무도 하지 않은 일이다. 그뿐 아니라 〈서울 프레스〉에 다시 익명으로 소견을 밝힌다. 일본의 공포정치를 경고했다.

대구형무소에 찾아가 같은 일을 했다. 대한애국부인회 사건으로, 김마리아와 이혜경 등이 대구형무소에 수감되어 있었다. 거기서도 자신이 보고 들은 것을 정리해서 자세히 기록했다. 사진과 함께…. 이런 스코필드 박사를 점차 일본이 견제하며 오호이시 일본 형사가 미행하곤 했다. 총독부 고위관리를 자주 찾아가기 때문에 경찰은 그의 존재가 거북했다. 결국, 캐나다로 송환하라는 압력을 넣기도 하고, 세브란스 의전에 그를 해직할 것을 요구하기도 했다. 그를 살해하기 위해 조선인(김 서방)을 자객으로 보내기도 했다. 스코필드는 김 서방을 자기 사람으로 만들어 타이핑(typing)하는 도움을 받기도 했다. 어쨌든 스코필드 박사는 세브란스와 4년간의 계약이 완료되는 1920년 캐나다로 돌아간다. 그때까지는 3 · 1운동과 제암리 학살 사건 사진 등이 외국에 널리 알려지지 못했다. 일본의 감시가 심해서 캐나다로 떠나는 지인들에게도 전달을 부탁하기 힘든 상황이었기 때문이다. 그가 한국을 떠날 때, 소아마비를 앓는 오른쪽 다리에 사진과 붕대로 칭칭 감아 통 넓은 바지를 입고 캐나다로 사진은 무사히 건너갈 수 있었다. 그리고 그곳에서 수의학 관련 잡지 등에 스코필드는 마음껏 사진과 기사를 내어 세계만방에 퍼져나갔다. 기록하고 알리고자 하는 기자 정신이 그에게 있었나 보다. 아니다. 그건 단순한 기자 정신이 아닐 것이다. 그는 한국에 있는 동안, 대구, 함경도 선천 등을 다니면서 대구형무소와 병원 등을 방문하며 환자들 사진을 찍고 그곳의 상황을 소상히 기록하며 때로는 일본 총감을 찾아가 따지기도 한다. "조선인들을 혹독하게 다루지 말라. 혹독한 고문을 하지 말라"는 것이었고, 서슴없이 편지나 투고를 통해서 일본의 만행을 질책하고 비판하곤 했다. 그런 용기가 어디에서 나왔을까? 자신은 영국에서 태어나 18세에 캐나다에 이민을 간 캐나다 국적의 선교사이며 의학박사이며[6] 세브란스 의전 교수라는 정체성 때문이었을까? 치외법권에 대한 확신 때문이었을까?

인류애라고 봐야 할 것이다. 불의로 인해 억압받는 이에 대한 의협심. 기독교 신앙을 가진 선교사였기 때문에 가능했다고 한다면, 한 종교에 편향된 해석이라고 누군가 비난할지도 모른다. 그러나 그는 옳지 않은 것을 옳지 않다고 일본 총독을 찾아가서도 입바른 소리를 서슴지 않았던 인물임에는 틀림이 없다. 가만히 있지 않고, 찾아가는 사람이다. 다리도 성하지 않은 사람이 지팡이를 짚고 자전거를 타고 그는 찾아간다. 적극적으로 찾아가는 행동. 평생 이어졌다. 캐나다로 돌아가 57세로 은퇴할 때까지 토론토 병원 병리학 실에 근무한다. 월급 일부를 저금하여 1926년 한국을 잠시 다시 찾아온다.

그가 영구히 한국으로 다시 찾아온 것은 1958년 9월(70세)이었다. 한국으로 돌아오고 싶다는 의사를 한국 정부에 여러 차례 밝혔기 때문이다. 이승만 대통령의 초청으로 국빈이 되어 한국에 왔지만, 그는 영원히 한국에 묻히길 원했다. 한국을 위해서 다시 일하길 원했다. 해서 그는 서울대학교를 찾아간다. 서울대학교 수의학과에서 학생

---

6) 1911년 캐나다 토론토 대학에서 수의학 박사 취득 [우유의 세균학적 검토] 논문으로

제암리에 세워진 기념비
스코필드 박사와 노순경
스코필드와 영어성경반 학생들
세브란스의전에서 학생들을 지도하고 있는 스코필드

들을 가르치고 싶다는 소망을 보인다. 외인 숙소 4평짜리 방을 서울대에서 내어준다.

연세대 의과대학, 중앙대에서 강의했다. 의학 강의뿐 아니라, 각 학교나 단체에서 '3 · 1만세 운동' 에 대한 강연 초청이 오면 강의를 다니느라 분주했다. 불편한 몸으로 그는 외국-일본, 영국, 미국, 유고슬라비아 등을 다니며 의학 강연도 분주했다.

외국인으로서는 최초로 건국훈장 독립장과 금관문화훈장을 받은 것에 대해서는 언급하지 않아도 될 것 같다. 동작동 국립묘지에 묻히셨다는 것도 강조할 필요가 없을 것 같다.

4.

며칠 전 양화진에 있는 헐버트 선교사 묘역에 다녀오다가, 나선 김에 흑석동 국립묘지에도 들려 보고 싶다는 생각이 들었다. 현충원 측의 답변은 참배를 할 수 없다고 했다. 코로나 19의 확산을 막기 위함이라고 했다. 스코필드 박사의 묘지 방문은 그렇게 해서 차단되었다.

"내가 죽거든 한국 땅에 묻어주세요.
내가 도와주던 소년 소녀들과 불쌍한 사람들을 맡아주세요."

- 유언 중에서

스코필드 박사 묘비에 새겨진 문구文句라고 한다. 그분은 작고하기 전에 미리 유언을 남겨 자신의 삶을 정리했다. 자신의 재산을 고국에 있는 아들 며느리에게는 남기지 않았다. 8호 감방에서 만났던 어윤희가 운영하는 유린보육원에 1500달러, YMCA에 1000달러, 양아들 플랭크 영소 이[7]에게 나머지는 학교 수업료로 나누어 달라고 당부했다. 재미있는 것은 57세에 토론토 대학을 은퇴한 후, 70세까지 캐나다에 머물며 백내장 치료를 했다고 한다. 눈이 완쾌되자 한국에 와서 81세에 별세할 때까지 유린보육원과 봉은보육원에 후원을 아끼지 않았다. 캐나다 친구들과 수의학 동료 교수, 제자들에게도 한국의 보육원을 도와 달라는 간곡한 편지를 보내곤 했다. 보기 힘든 잔잔한 선행의 손길이다. 어려운 학생들에게 장학금을 주고, 졸업 후에 되받아서 보육원을 후원했다고 한다. 스코필드의 이런 실천의 힘은 어디에서 나왔을까? "네 이웃을 네 몸과 같이 사랑하라"라는 성경 구절의 실천일까? 아니면, 하루 세끼를 해결하기 위해 농장에서 아침부터 저녁까지 일해주었던 청년 시절의 아픔-동병상련일까? 남다른 동정심 때문일까? 잠잘 곳이 마땅치 않아, 친구 침대에서 끼여 잘 정도로 어렵던 영국에서의 청년 시절 아픔을 잊지 못하기 때문일까? 은퇴 후에 캐나다에서 주는 연금[8]으로 편안하게 살 수도 있었을 텐데 굳이 연금도 포기하고 한국을 찾은 이유가 무엇이었을까? 아마도 자신의 존재감을 찾고 싶었는지도 모른다. 은퇴한 교수로 일없이 시간을 보내는 것보다는, 한국에 와서 계속 학생들을 가르치고 뭔가 남들에게 도움

---

7) 서울대 수의대에서 스코필드에게 배움. 스코필드는 이 영소를 양아들이라 부름

8) 캐나다는 사회보장 제도가 잘 되어있어서, 노인연금으로 노후를 지낼 수 있으나, 캐나다를 떠난 사람에겐 혜택이 없음.

스코필드의 행적-제암리교회에서
제암리 순교 24위 조형물
삼일운동순국기념탑
제암리 현장으로 달려가는 스코필드

을 주는 삶이 더 낫다는 선택이었나 보다. 수의학을 계속 연구하고 가르치고, 고아들을 돌보며 사는 일…. 멋진 선택이었다. 해서 그는 외국인으로서는 최초로 동작동 국립묘지 애국지사들 옆에 묻혀 영원한 영예를 누리고 있는 것은 아닌지?

다리가 불편했던 프랭크 윌리암 스코필드는 민족대표 34인이다. 그에게 은퇴란 없었고, 죽음이란 없을 것 같다. 아마도 그는 하늘나라에서도 쉬지 않고 편지를 쓰고 있을 것 같다. "한국에 어려운 전쟁고아들이 보육원에서 굶고 있으니, 작은 후원이라도 보내달라"고. 1958년에 70세의 나이로 스코필드가 다시 한국에 왔을 때는 한국전쟁이 끝나고 굶주린 고아와 고학생들이 무척 많던 시대였을 것이다. 자신이 배고팠던 영국 시절, 고학으로 박사학위까지 받던 농장 아르바이트-자기 자신을 한국 고아들에게서 보며 외면하지 못했을지도 모른다.

동정심이 많은 할아버지, 의협심 많은 선교사님. 그 나라에서는 두 다리, 두 손 모두 건강하게, 한국을 위해서 계속 편지를 써주시길….

참배가 허락되면 스코필드 박사의 국립묘지를 찾아가, 백합꽃 한 다발 바치고 싶다. 하얀 꽃을 좋아하셨을 것 같은 느낌이다.

스코필드와 자전거

자전거와 백합 향기

- 프랭크 윌리암 스코필드

姜 笑 耳

1.
백 개의 뿌리 합해져 진한 향기 낸다

하루 세끼 밥그릇, 잠잘 곳 찾아
별을 보며 농장 일 하던 그의 손가락은
하늘로 자리를 옮겨서도 편지를 쓴다
전쟁에 부모를 묻은 아이들
동쪽 끝 작은 나라, 오그린 어린 손가락
어린 것들을 먹여달라고

마비된 손가락으로
한쪽 발로 자전거 페달 밟고 찾아온 제암리, 수촌리, 화수리
불타 죽은 이들을 흙으로 덮어주었지
짓무른 상처에 약을 발라주었지
카메라 셔터로 조선을 담았지
복사꽃도 타 버린
연기 나는 마을
사람 타는 냄새도 담았지

2.
죽어서도 백 개의 뿌리 합해
하얗게 피어난 꽃잎 속에
샛노란 꽃 심지는 스코필드의 손가락 되어
오늘도 셔터를 누른다
오늘도 편지를 쓴다
하얀 꽃잎이 하늘 종이에 쓰고 싶은 말은 무엇일까

*참고문헌 : 「석호필 민족대표 34인」(이자락 著, 호랑이스코필드기념사업회)
「석호필(3 · 1운동을 세계에 알린 스코필드 박사 이야기」(김일 옥 著, 도도 피 숲 出)

금싸라기 땅을 버리고 떠나는 사람들

- 우당 이회영 선생

1.

베란다 밖으로 눈이 퍼붓는다. 바람도 심한지 눈발이 휘날리는 것이 범상하질 않다. 삽시간에 도로에 하얗게 눈이 쌓이고, 차들은 엉금엉금 기어간다.

사직 터널에서 금화터널로 들어가는 차들의 행렬은 이어있고, 움직이지 못하고 멈춰있는 것 같다. 터널 안은 더욱 그렇겠지.

영하 30도가 넘었다는 압록강 넘어 만주 벌판. 50여 명의 식솔과 인척들이 줄지어 망명하는 모습을 상상해 본다. 1910년도의 일이니, 벌써 111년 전의 일이다. 누가 시킨 것도 아닌데, 국경을 넘어 풍찬노숙하던 그들. 빼앗긴 나라-검은 터널을 빠져나가고 싶은 이들의 행렬.

일제라는 터널을 지나 자유와 평등의 세상을 만들고 싶었던 그들을 상상해 본다.

몇 년 전이었다. 명동에 있는 한 극장에서 영화를 보느라, YWCA 회관 앞에 주차해 놓은 적이 있었다. 일요일이라 가능한 일이었다. 주차해 두었던 곳으로 걷다가 우연히 발견한 검은 색 표지석 - "우당 이회영 선생 생가터"를 보았다. 금싸라기 같은 명동 부근의 땅을 헐값에 팔아 만주로 떠났던 6형제의 이야기가 있다. 백사 이항복 선생의 후예. 삼한갑족이라고 했다. 가만히 있어도 함포고복含哺鼓腹하며 편안하게 온갖 부를 누리며, 노비들을 거느리고 살 수 있었던 명문 가문이다. 대대로 영의정과 이조판서 등의 정승을 지내온 그들. 그러나 만석꾼이었던 그들은 명동 부근과 남양주 화도읍(이유원의 둘째 아들 이석영의 소유) 땅을 팔고 만주로 간다. 넷째 아들이었던 우당 이회영 선생은 노비들에게도 존댓말을 했고, 노비를 풀어주었다. "인간은 양반과 노비의 구분이 없고, 누구나 평등하다."라는 양명학의 영향이었다. 양명학에 경도되어 있었기에, 양명학에서 말하는 지행합일을 실천한 결단이었는지도 모른다. 그러나 풀어준 노비들은 우당 선생을 떠나지 않고, 우당의 6형제가 만주로 망명길을 오를 때 따라간다.

거기서 경학사耕學社를 조직하고 신흥강습소-신흥무관학교를 열어 군사훈련을 할 때, 노비들은 군사가 되어 훈련을 받았다. 경학사를 처음 조직하고 신흥강습소를 열었을 때, 수월하지만은 않았다. 중국인들의 비협조로 인해 땅을 사들일 수도 없었기 때문이다. 세상에 쉬운 일은 없는 법이나, 중국인들이 보기에, 조선에서 넘어온 이들에게 선선히 땅과 먹을 것을 내어주지 않은 것은 어쩌면 당연한 일이었을지도 모른다. 중화민국 대총통이었던 원세개(위안스카이)를 찾아가 우당의 일행이 정착할 수 있도록 협조를 요청한다. 우당의 부친 이유원과 친분이 있던 원세개는 우당의 뜻을 받아들였고, 중국 원주민들의 방해를 불식시켜 주었다. 방해와 협조에 대해서 생각해 본다.

2014년에 우연히 방문하게 되었던 우당 이회영 선생 기념관.[1] 동행했던 김 선배는 "우리나라 국민은 우당 이회영 선생 일가에게 빚을 졌어요"라고 말했었다. 그 당시 명동에 금싸라기 땅(600억가량의 재산)을 독립운동에 모두 쏟아부었다고 강조했었다. 그때 기념관에서 황원섭 이사님께 설명을 듣고 그곳을 둘러보고 '글을 써야지' 생각을 했으면서도, 몇 년의 시간이 지났다. 명동에 있는 극장에 갔다가 그의 생가터를 발견한 게 2016년의 일이다. 우당 선생님을 그냥 지나치고 잊어버려도 되는데, 만주 지방의 독립운동가들에 대한 글을 쓰다 보니, 만주 지방의 독립운동사에 우당 선생의 자리가 만만하지 않다는 것을 또 다시 알게 되었다. 지나칠 수 없는 일이다. 명동에서 보았던 생가터. 조상 대대로 물려받은 땅과 부와 명예와 권력을 왜 송두리째 버렸을까? 그분의 6형제는? 둘째 이석영 선생은 만주에서 영

1) 서울시 종로구 필운대로 10길 17 유니온빌 소재. 우당선생과 6형제에 대한 자료가 소장되어 있음.

양실조로 굶어 죽었다고 하니, 이 사실에 대해 어찌 생각해야 하는지?

명동에 나갈 때마다 번쩍거리는 네온사인의 불빛과 번화함에 놀라곤 한다. 지나가는 인파로 인해 발을 옮기기도 힘들다. 그곳에 가면 먹거리들과 볼거리들, 길거리 음식까지. 외국인들까지 가득 길을 메운다. 111년 전에 집을 버리고 떠난 명동 거리. 모두 이회영 선생 일가(6형제)의 땅이었을 것이다. 그 땅은 만주의 경학사, 신흥무관학교의 군사들 3500명을 길러내는 일로 맞바꾼 셈이 되었다. 강화도와 충북 진천 등에서 양명학에 경도되었던 이들이 우당 선생을 찾아 압록강을 건너왔다. 여타의 독립운동가들도 압록강을 건너왔다. 농민들도 있었고, 노비들도 있었다. 조선 땅에서의 신분은 중요하지 않았다. 압록강을 건너 유하현 추가가 횡도촌으로 찾아오는 이들을 선생은 모두 먹이고, 군사훈련을 시켰다. 무기 제조술을 가르치고 군사학을 가르치고, 군사훈련을 시켰다. 마치 사관학교가 아니었나 하는 생각을 해본다. 그곳에 찾아온 김원봉[2]은 그곳에서 군사학과 무기 제조술을 배웠으나 6개월 만에 학교를 떠나 의열단을 만든다.

2.

2020년, 여름 나는 다시 이회영 선생 기념관을 찾았다. 다시 우당 선생에 관한 설명을 듣고, "이회영 선생에 대한 흔적을 찾고 싶다고

---

2) 1919년 6월에 신흥무관학교에 입학했다가 11월에 떠남

유적지가 어디에 있느냐?" 고 물었다. 황 이사님은 생가터와 국립묘지 현충원을 말씀해 주셨다.

'다시 한번 찾아가 본다. 몇 년 전에 느꼈던 것과 다른 느낌일 수 있을 것' 을 기대하고 찾아 나선다. 8월 햇살이 뜨겁다. 을지로 1가에서 명동 입구로 들어서는 곳에 '우당 이회영 선생길' 이라는 도로표시판이 세워져 있다. 우당 선생의 명예의 길이라는 생각을 하며, 명동 YWCA 회관 쪽으로 들어서려니, 오른쪽에 우당 선생에 대한 설명 판도 풀 속에 세워져 있다. 뙤약볕을 피하느라, 손으로 얼굴 우산을 만들어 지나가는 사람들은 아무도 그것을 읽지 않는다. 그냥 지나친다. 어떤 이는 더위를 이겨내려는지 얼음이 들어있는 일회용 플라스틱 커피잔을 들고 있다. 격렬했던 구한말의 역사의 흔적은 명동 입구 가로수와 풀잎 속에서 조용히 침묵 중이다.

2020년 5월에 생가터 표지석을 다시 찾아갔다. 2016년에는 없던 우당 선생의 동상도 표지석 옆에 세워져 있다. 누가 놓고 갔는지, 음료수병이 마개가 열린 채 빈 병으로 놓여있다. 관리하는 이들이 없는 것일까? 흉상의 가슴 부분에는 가느다란 거미줄이 앉아 있다. 먹먹하다. 우당 선생이 살던 생가터에 표지석과 선생의 흉상이 돌아와 앉아 계신다. 선생이 1932년 11월 17일 다롄시에 있는 뤼순 감옥에서 순국하신 후, 거의 100여 년 만에 영혼이나마 생가터로 돌아오셨을까?

일본은 1932년 3월 1일에 만주국을 세운다. 괴뢰정부라고 여긴 선생은 일본 관동군본부 사령관(무토)을 처단하기 위하여 길을 나선다.

우당 이회영 선생 흉상
명동에 있는 우당길 설명판
관련 서적들과 서간도시종기
혁명열사증명서

황포강 나루터에서 선생은 일본 순사에게 잡혀, 모진 고문 끝에 순국한다(66세). 일본은 선생의 몸에 난 고문의 흔적, 증거 인멸을 위해 곧 화장해버린다. 선생의 따님(이규숙)에게 분골을 내어준다. 아나키스트였던 선생은 허망한 뼛가루가 되어 따님의 품에 안긴다. 그런데 여기서 우리가 가슴 아파해야 하는 것은, 억울하게 옥사한 비참한 선생의 죽음만이 아니다. 그를 일본 경찰에 밀고한 이가 그의 친조카였다는 것에 주목해야 한다. 600억이 넘는 재산을 갖고 만주로 망명했으나, 독립운동에 모두 써버리고, 굶주림에 떨었던 그의 일가친척들. 일본은 우당 선생의 일거수일투족을 감시하고 있던 터라, 선생의 행보에 대한 밀고를 해주는 대가로 상금을 주겠다는 현상금까지 내걸었으니, 추위와 굶주림에 시달렸던 우당의 조카는 하지 말아야 할 선택을 하고야 말았다. "이회영을 체포하기만 하면, 강제로라도 서울로 보내겠다"라는 일본의 거짓 술수에 속은 이규서[3]와 연충렬의 밀고로 우당 선생은 독립투사의 길에 마침표를 찍는다.

3.

그의 생가터와 흉상을 보고 와서, 며칠 뒤에 종로에 있는 우당 기념관을 다시 찾았다. 전시된 사진을 둘러보다가 '항일열사증명서' 앞에서 발을 멈추게 되었다. 2000년 1월 12일에 중국 정부(중화인민공화국)가 우당 선생에게 추서한 증명서라고 했다. 우당 선생과 양세봉 장군, 중국 당치호 부대가 요녕성에서 민중자위대로 연합하여 일본

---

3) 이회영의 둘째 형 이석영의 아들. 이회영의 조카.

과 싸운 일을 높이 치하하는 의미에서 추서한 일이라는 설명이었다. 중일 전쟁에서 패한 중국이나, 식민지 지배를 받던 대한제국의 입장이 같았으니, 우당 선생, 양세봉 장군과 중국 당치호의 연합은 공공의 적을 무찌르려는 연합 세력으로서 우수한 협주곡이 되었을 것이다. 선친 이유원이 이조판서를 지낸 권문 세도가의 후손이었던 우당 선생이 어째서 이런 독립 전쟁-군사 전투에 발을 들여놓았을지는 궁금한 일이 아닐 수 없다. 탁상공론에 그치는 유교 학자에 머물지 않고, 직접 군사훈련을 시키고 남화연맹을 만들어 군사 전투를 벌인 것을 보면 그 당시로서는 혁명적이고, 충격적인 변신이 아닌가 하는 생각이 든다. 책장이나 넘기며, 노비들이 농사지은 노동의 결과물을 취하면서 배불리 먹고 살아도 되었을 텐데…. 그것은 송시열 이후 권력을 장악한 집권 노론파들이 사는 방법이었다.

상해임시정부가 수립될 무렵, 임시정부 요원들은 서로 한 자리씩 감투를 얻으려 나둔다. 신생은 그것에 실망하여 상해를 떠난다. 선생이 가치가 권력에 있지 않음을 말한다. 진정한 독립운동은 권력 싸움에 있는 것이 아니라, 노블레스 오블리즈[4]를 실천한 것이리라.

그의 선택은 놀랄만한 진보적인 길이었다. 모든 사람이 평등하고 자유로운 세상- 어떤 권력이나 어떤 부류에 의해서 억압받는 이가 없는 세상을 꿈꾸었다.

---

4) 높은 신분, 많은 재산 등의 혜택을 누리는 사람은 그렇지 못한 사람들을 도와야 한다는 생각

구한말 세도 정치나 권문세도가들의 전횡으로 억압받고 눌렸던 백성의 고통을 동정한 감상주의라고 볼 수만은 없는 일이다. 그는 양명학에서 아나키스트로 길을 바꾼다.

을사늑약으로 나라의 외교권을 빼앗겼을 때, 우당 선생은 헤이그에서 만국평화회의가 개최된다는 정보를 얻는다. 신민회 일원이었던, 이상설을 정사로 이준과 이위종을 부사로 헤이그에 보내어 을사늑약의 부당함을 전 세계에 알릴 계획을 세운다. 고종황제의 백지 위임장을 받아내는 것에도 성공한다. 조정구와 김 상궁의 도움으로 고종을 알현하고 고종의 윤허를 얻어낸 것도 이회영 선생이었다. 어찌 보면, 겁이 없고 배포가 큰 거대한 계획이었다. 미국인 선교사 헐버트의 도움도 있었으나, 세계인의 동정심에 호소하려던 그의 계획은 수포가 된다. 일본의 방해가 있었기에, 만국 평화회의장에 입장조차 하지 못하고, 아까운 이준 열사만 잃게 된다. 일본은 궐석재판을 열어 이상설 선생에겐 사형을 이위종에겐 무기징역을 선고한다. 두 사람의 동지들이 조선 땅을 밟는 것조차 불가능하게 된다. 이름만 만국평화회의였지, 실제로는 강대국들이 피자 조각을 나눠 먹듯이 약소국을 식민지로 두는 것을 서로 인준해주는 자리에, 외교권을 빼앗긴 조선은 문밖에 세워진 신세였음을 깨닫게 된다. 평화적으로 동정심에 호소하는 일 따위는 하나의 감상이라는 것을 깨닫게 된 것이다.

외교권을 빼앗긴 나라에서 일본에 아부하며, 그 당시 노론파 사대부들 대부분이 선택했던 대로 친일파로 편하게 살 수도 있었을 텐데…. 우당 선생 6형제는 그 길을 택하지 않았다. 자유와 평등한 세상을 건설하고자 만주를 선택한다. 그리고 독립군을 기른다. 군사력으로 일본군과 맞서 싸워 국권을 되찾고자 한다.

1911년에 4월에 추가가에 경학사를 설립하고 6월에 신흥강습소를 설립한다. 이후 신흥무관학교는 1912년 합니하로 이주, 1919년 고산자로 이주할 정도로 규모가 확대되었다. 그러나 1920년 청산리 전투에서 참패한 일본은 그 전투에 참여했던 신흥무관학교 출신들을 대토벌하면서 무참히 죽이는 과정에서, 신흥무관학교는 1920년에 폐교하게 된다. 만주 지방도 일본의 지배에서 벗어날 수 없게 되었다. 우당 선생이 망명하면서 가져갔던 재산도 무기 구입과 10여 년간 군사훈련, 식량 조달로 모두 고갈되어갔다. 먹을 것이 없어, 중국인의 임야를 빌려 개간하면서 식량을 구할 수밖에 없는 상황이 될 정도였다.

먹을 것이 없다는 것. 굶주린다는 것을 현대인들은 상상하지 못한다. 우리나라는 매우 잘 사는 나라가 되었다. 요즘은 먹을 것이 넘쳐난다. 삶의 질도 높아졌다. 그때 그들이 일주일에 두 번 식사하면, 다행으로 여겼다고 하니, 요즘은 상상하기 힘든 일이다.

4.

나라를 빼앗기고 밥그릇을 빼앗겼던 이들이, 국권을 되찾으려고 안간힘을 썼다는 것을 우리는 잘 안다. 독립운동은 1919년 3 · 1운동 때만 해도 평화적인 시위에 불과했다. 아무 무기를 들고 있지 않은 학생들과 대중을 향해서 총을 쏘고, 잡아다 가두고 고문하는 일제를 보면서 독립운동의 방법도 바뀌었다. 평화적인 시위로는 통하지 않는다는 것을 알아차렸기 때문일 것이다.

총독부에 폭탄을 던지고 주재소에 돌을 던지고 총을 쏘고 파괴하는 등의 의열 투쟁으로 방법이 바뀌어 갔다. 일제는 그 일을 몹시 두려워하게 된다. 약산 김원봉이 두령으로 이끌었던 의열단도 의열 투쟁 중에 하나다. 의열단을 후원한 분이 우당 이회영 선생이다. 우당 선생은 다물단, 흑색공포단과 같은 의열투쟁단을 결성한다. 만주에 와 있던 친일파나 김달하와 같은 회색분자를 처단하기도 한다. 김좌진 장군의 청산리 전투나 홍범도 장군의 봉오동 전투 등도 모두 독립을 쟁취하기 위한 독립전쟁이었고, 일본이 참패했다. 두 전투에 신흥무관학교 출신들이 많이 참여했다. 3500여 명의 독립군을 길러낸 일이 그렇게 쓰였다. 누구나 전쟁이 없는 세상을 갈망할 것이다. 비둘기 날아오르는 평화로운 세상을 누구나 원할 것이다. 그런 세상을 위해서, 600여 억의 재산을 독립군 양성에 바치고, 본인들은 입을 옷가지마저 모두 전당포에 맡기고 굶어 갔던 우당 선생의 6형제들.

5.

얼마 전에 영화를 본 적이 있다. 양반가의 여식이 총 쏘는 것을 배워 일본과의 항쟁(거사) 때마다 일본을 향해 총을 쏘는 내용이었다. 나라를 구하겠다는 일념이었을 것이다. 꽃무늬 수를 놓으며 여인으로 사는 삶보다는 총을 잡기를 원했던 여인의 삶을 그린 영화였다. 그녀는 끝내 동지들과 함께 만주로 가서, 함께 온 후배들에게 총 쏘는 훈련을 시키는 장면으로 영화는 막을 내렸다. 독립운동이 결국, 전투였고, 의열 투쟁이었음을 보여준다. 그 영화를 본 후, 여주인공의 총 쏘는 모습이 내내 마음을 떠나지 않고 있다. 우당 이회영 선생도 헤이그 특사 파견 후, 고종황제마저 암살당한 대한제국에 더 머물 이유가 없었을 것이다. 전 재산을 들여서라도 독립군을 양성하여 일본을 향해 총을 쏘는 일에 선생의 존재감은 존재했을 것이다. 이 시대 우당 선생은 우리 마음에 어떤 총을 쏘고 계실까? 한 발짝씩만, 조금씩만 총을 쏘라고 하지 않으실까?

꽃 한 송이의 꽃잎 하나 정도씩만 쏘면 어떨까? 굶어 돌아가신 그들에게 한 숟가락. 단 한 줄의 묵념이라도.

명동을 지나가는 사람들이, 우당 선생의 영혼을 생각하며 마음의 고개 한번 숙였으면 좋겠다. 이번 일요일에 명동에 다시 한번 찾아가야겠다. 그곳에 장갑을 끼고 가서, 거미줄도 거둬내고 누군가 버리고 간 음료수병도 치워드리고. 일제에 매 맞아 돌아가셨지만, 우리 후손들은 당신을 잊지 못하고 있다고. 우리 후손들은 감사의 한 발짝 바치고 싶다고.

(2021. 1. 6.)

* 참고문헌
「이회영과 젊은 그들」(이덕일著, 역사의 아침出), 「운명의 여진」(이규창著), 「이회영 내 것을 버려 모두를 구하다」(김은식著, 봄나무出)

어느 아나키스트의 눈매

- 백정기 의사를 찾아서

1.

정읍을 찾아가는 길은 온통 눈밭이다. 세상이 하얗다. 그를 찾아 나서는 정읍여행이 두 번째다. 지난 2016년 초가을이었다. 순천에 있는 송광사와 갈대숲을 보고 서울로 올라오다가 정읍을 지나게 되었다. 정읍에 백정기 의사 기념관이 있다는 것을 알고 있었기에 그냥 지나갈 수 없었다. 도착한 시각이 5시가 넘어서였을까? 해설사의 설명을 요청해도 부재중이고, 기념관도 문을 닫은 상태라고 했다. 할 수 없이 주변 풍경만 사진기에 담을 수밖에 없었다. 관리실에서 나이 드신 분이 나오시더니, "이 책을 읽으면 도움이 될 거예요."라고 하면서, 양장본으로 된 두꺼운 책을 내준다. 독립운동가들에 관한 글을 쓰는데 한참 심취해있던 시절이라, '백 의사에 대해서도 글을 써야지' 라고 생각하고 있던 터였다.

그러나 그분에 관한 책을 몇 장 읽다가 미뤄두고 말았다. 도무지 이해되지 않는 문장들. '아나키스트' 라는 낱말이 넘을 수 없는 산처럼 느껴져서 책을 미뤄둔 채 몇 년이 흘렀다. 잊어버리고 있었다는 게 맞을 것이다.

2015년에 윤봉길 의사에 대한 기행수필을 썼다. 상해, 충남 예산 충의사, 서울 양재동 매헌기념관을 모두 둘러보고 쓴 수필이라 내용이 풍부해서 맘이 흡족했다. 2016년 1월에 도쿄 이치카와 형무소 터에 다녀온 후에 이봉창 의사에 대한 기행수필도 완성했다. 이봉창 의사에 대한 유적지를 더 찾아보기 위해 효창공원을 찾아갔다. 김구 선생 묘 밑에 왼쪽부터 안중근 의사, 이봉창 의사, 윤봉길 의사, 백정기 의사가 나란히 모셔져 있다.

이봉창, 윤봉길, 백정기. 의로운 선비, 義士라는 것이다. 세 분의 의사 중에 맨 오른쪽에 모셔진 생소한 이름 "백정기". 낯설다. 윤봉길 의사는 도시락, 물통 폭탄으로 익히 초등학교 때부터 들어온 이름이다. 이봉창 의사는 일본 천황을 향해서 폭탄을 던졌던 인물이다. 일본의 심장, 도쿄 경시청 앞에서 던진 폭탄으로 일본인의 간담을 서늘하게 했다. 이봉창 의사는, 김구 선생이 의열 투쟁 단체로 만든 한인애국단 1호였다. 윤봉길 의사도 이봉창 의사도 모두 김구 선생이 파견한 의열 투쟁자였다. 생소한 세 글자 "백정기", '3의사 중에 윤봉길 의사와 이봉창 의사 관련 유적지에 다녀와서 글을 썼으니, 백정기 의사에 대해서도 글을 써야지' 라는 생각뿐, 행동으로 옮기지 못한 채 몇 년의 시간이 흘렀다. 2017년 3월에 일본 나가사키에 여행을 간 적이 있다. 나가사키 원폭기념관을 둘러보고, 평화공원을 걷고 있는데, "나가사키 형무소 터"라는 푯말이 눈에 뜨이었다. 사진을 찍고, '이곳이 3 의사 중에 한 분인 백정기 의사가 갇혀있던 곳이구나' 생각만 했을 뿐 글을 쓰는 것은 좀처럼 행동으로 옮기지 못하고 다른 일들로 분주한 나날이 흘렀다.

며칠 전 우당 이회영 선생에 대한 기행 수필을 마무리했다. 우당 선생에 관해 공부하다 보니, 「이회영과 젊은 그들」(이덕일著, 역사의 아침出), 「운명의 여진」(이규창著), 「이회영 내 것을 버려 모두를 구하다」(김은식著, 봄나무出)에서 백정기 의사가 우당 이회영 선생과 같은 노선-아나키스트임을 말하고 있다.

2.

백정기 의사가 의열단원이었던 김 모 씨를 간호하다가 자신도 폐결핵에 전염되는 일이 있었다(1928년). 상해 근교 요양소에서 1년 정도 입원치료를 받았던 일이 있다. 해림, 천진, 남경, 광동, 북경 등으로 옮겨 다니며 독립투쟁을 하느라 우당 선생과 행선지가 엇갈려 있기는 했지만, 우당 선생과 구파(백정기 의사의 호)는 10년 이상을 함께 했다고 우당 선생의 아들 이규창은 「운명의 여진」에서 회고하고 있다.

구파鷗波에 대해서도 글을 써야겠다고 마음을 먹었으나, 몇 년 전 정읍에서 찍은 사진을 찾을 길이 없다. 매번 사진을 찾지 못해서 같은 곳에 또 가곤 한다. 해서 다시 나선 정읍 여행길이다. 이번엔 반드시 글을 완성하리라 단단히 맘을 먹어본다. 며칠 전 내린 폭설로 길이 막힐지 모른다. 코로나 19로 인해 기념관을 열지 않아서 관람하지 못할지도 모른다. 기념관에 확인하니, "기념관을 특별히 보여줄 것이고, 해설사가 설명까지 해주겠다"라는 고마운 답변이다. 설레는 마음으로 정읍 여행길을 나선다. 여행은 언제나 기대로 맘이 부푸는 법이다. 새벽에 일어나, 서울역에서 기차를 타고 광명역에서 내렸다. 미리 나와 있는 친구의 차로 정읍을 향해 달린다. 다행히 고속도로는 밀리지 않았다. 멀리 보이는 산에 쌓인 눈들이 풍광을 더해주고 있다. 도로 옆으로 보이는 마을 풍경도 설경이다. 온 세상이 하얗다. 여행 전날까지 영하의 날씨였다. 염려를 뒤로하고, 포근한 햇살까지 내린다. 소풍 가는 어린애처럼 눈 앞에 펼쳐진 하얀 세상을 보느라 정신이 없다. 풍경 좋은 곳에서는 잠시 차를 세우고 사진기에 풍경까지 담아 정읍에 들어서니, 눈이 도로 한옆으로 가득하다. 태인 I.C에서 한참을 헤매어 기념관에 도착했다. 서울에서 기념관까지 4시간 30분이 걸렸다. 가도 가도 나오지 않는 이정표. 눈길을 헤매면서 백정기 선생을 만나러 가는 먼 길-구파가 동경, 상해, 천진, 해림, 북경, 남경, 광동 등을 헤매고 다니며 찾고자 했던 것-을 생각해 본다. 구파가 찾고자 하는 것은 무엇이었을까?

하얀 눈으로 덮인 논밭을 지나, 눈 쌓인 시골길을 지나면서 설경 속에 춥고 시렸던 구파의 인생행로를 생각해 본다. 눈 덮인 아름다운 세상, 눈처럼 하얀 세상-억압이나 권위와 통제가 없는 세상, 자유와 평등한 세상을 꿈꾸던 아나키스트 백정기를 생각해 본다. 아나키스트들은 정부를 인정하지 않는 무정부주의자라는 오해를 받은 적도 있다. 평등을 주창한다고 해서 공산주의로 오해받기도 했다. 해서 구파의 행적이 독립운동사에서 그리 크게 주목받지 않았는지도 모른다.

거사에 실패했던 독립투사들도 매우 많다. 1919년 강우규 의사도 남대문 역에서 일본 총독(사이코 마코토) 마차에 폭탄을 던졌으나, 명중하지 못해 거사에 실패했다. 1924년 김지섭 의사도 일본 천황이 사는 황거 앞, 이중교(니쥬바시)에 폭탄을 던졌으나, 폭탄이 터지지 않아서 거사는 성공하지 못했다. 1932년 이봉창 의사도 일왕에게 수류탄을 던졌으나 수류탄이 빗나가 거사를 이루지 못했다. 1932년 4월 상해 홍커우 공원에서 폭탄을 던졌던 윤봉길 의사는 거사에 성공한다. 1909년 10월 26일 안중근 의사의 하얼빈 의거는 성공한다. 위에서 언급한 의거를 보면, 일본의 두령들을 향해서 총이나 폭탄-수류탄을 던지는 의열 투쟁(terror)이었다. 평화적으로 태극기를 흔들면서 "대한독립만세"를 외쳤던 3 · 1만세 운동과는 독립운동의 양태가 다르다.

우리는 안중근, 강우규, 윤봉길, 이봉창 의사 등에 대해서는 그들을 아나키스트라고 칭하지 않는다. 그들의 독립운동 방법은 의열 투쟁(terror)이였지만, 그들은 성공 여부를 떠나서 많이 알려지고 기려지고 있는 게 사실이다. 조선총독부에까지 폭탄을 던지고, 일본 제국 요인을 암살, 기관 파괴, 친일파 처단, 영사관 폭파, 군수물자 수송선 폭파, 일본 대사 암살 시도 등을 행동으로 옮겼던 의열 투쟁, 흑색공포단의 폭력과 파괴가 평화지향의 정서에 맞지 않는 것은 사실이다. 그러나 무력으로 약소국을 찬탈하려는 제국주의의 침략 야욕에 맞섰던 투사들의 열혈 투쟁이다. 이들에 대해서 후손들이 어떤 잣대를 댈 수 있을지?

"미친개에게는 몽둥이가 최고"라는 논리. "미친개를 머리를 쓰다듬어준들 무슨 소용이냐?"는 논리였다.

3.

몇 년 전 '박열' 이라는 영화가 극장가에서 홍행했다. '아나키스트' 라는 영화도 그랬다. 두 영화로 인해서 아나키스트에 대한 이해가 쉬워졌다는 말들을 한다. 아나키즘은 희랍어 아나르키아(Anarchia), 아나르코스(Anarchos)에서 유래했다. An(반대하다)+Arche(권력, 통제, 압력, 규제)를 말한다. 결국, "제국주의의 침략에 의한 지배와 통제, 압력에 반대한다"는 뜻이다. 즉 일제와 대항하려는 신념의 표출이었다. 그러나 terror라는 방법과 공산주의로 오해받은 이유에서 아나키스트들은 그들의 공로를 널리 인정받지 못한 게 사실이다. 엄밀히 말하면, 김구 선생(상해 임시정부파)의 민족주의 계열에게도 아나키스키들은 외면당했고, 조소앙과 같은 사회주의 계열에게서도 아나키스트들은 도외시되었다. 아나키스키들의 직접 행동(의열 투쟁)이 성공하지 못한 거사가 대부분이었기에, 더욱 독립운동사에서 묻혀버렸는지도 모른다. 일제로부터 불령선인으로 분류되어 감시당하고, 거사의 성공 여부와 상관없이 피체되어 그들은 희생되었다. 사실, 여행 수필로 쓰기에는 무거운 주제인 것으로 여겨진다. 아나키즘은 일제 강점기 때 독립운동가의 한 부류였고, 엄청난 열혈 투쟁이었기에 다루지 못하고 미뤄둔 보따리가 되었는지도 모른다.

1920년에서 1930년대 독립운동의 큰 주류를 이루었던 아나키즘-아나키스키들. 그들이 주장한 것이 옳은지 그른지는 논외로 하고 싶다. 한 가지 중요한 것은, 1909년 10월 26일 하얼빈역에서 이토히로부미를 향해서 총을 쏘았던 안중근 의사를, 우리는 독립영웅으로 기록하고 있다. 조선의 억울함을 세계만방에 알리는 일이었고, 민족의 자존심을 보여준 의거로 인정하고 있다. 절치부심의 마음으로 폭탄을 던지고 총을 쏘았으나 실패로 끝난 독립투사들의 이야기도 기억했으면 좋겠다.

1932년 4월, 윤봉길 의사는 홍커우 공원에서 폭탄을 던져 거사에 성공한다. 같은 날 같은 장소에서 같은 일을 도모한 이가 있었다. 그 사실을 아는 후손들은 많지가 않다. 왜냐하면, 그 사람은 1934년 6월 5일에 나가사키 이사하야 형무소에서 폐결핵으로 사망했기 때문이다. 그는 폭탄과 거사를 위한 모든 준비를 마치고 입장권이 오길 기다리고 있었다. 통행증을 구해주기로 했던 중국인(왕아초와 화균실)이 끝내 나타나지 않았다. 이 일을 도모하려던 이가 구파 백정기 의사다. 해방 후, 구파의 동지였던 정화암(본명:정현섭)이 회고록에 기록하지 않았다면, 그 일은 하얀 눈 속에 덮인 논밭의 흙처럼 역사 속에 묻힐뻔했다. 누군가가 기록을 해두면, 세월이 매우 많이 흐른 뒤에라도 후손들이 읽게 된다. 그리고 진실은 드러난다. 아무리 두터운 눈으로 덮인 흙일지라도 흙은 얼음을 뚫고 보리싹을 틔우듯이 말이다.

4.

홍커우 공원에서 그렇게도 일본 제국주의를 향해서 던지고 싶었던 백정기 의사의 폭탄. 윤봉길 의사와 백정기 의사는 홍커우 공원에서는 그렇게 운명의 길이 엇갈렸다. 그러나 이듬해(1933년 3월) 구파는 상해 육삼정 고급 요리집에 주중일본공사駐中日本公使 아리오시 아끼(有吉明)와 일본 거두들이 중국의 친일군벌들과 회합을 가진다는 정보를 얻는다. 구파에게 다시 찾아온 기회다. 1931년 11월에 백정기 의사 주도하에 만든 흑색공포단(Black Terrorisr Party)[1]에 속한 한국인들이 서로 그 일을 맡겠다고 나섰다. 일본 수뇌와 중국 친일군벌을 제거하겠다고 서로 나선다. 거사의 성공 여부와 상관없이 자신은 일제에게 붙잡혀 사형에 처해질 것을 모르지 않을 그들이었다. 나라의 독립을 위해, 서로 그 일을 맡겠다고 제비뽑기하는 사람들. 구파의 소원대로 제비뽑기의 행운은 구파에게 돌아왔다. 3월 17일 거사를 위해 김구 선생이 이들에게 무기[2]를 마련해 준다. 육삼정에서 200m 떨어진

1) 한국인(백정기, 정화함, 이강훈, 원심창, 유기문, 이수현, 이동준, 양여주, 김지강, 이달, 임협순), 중국인(왕아초, 화균실, 모일파), 일본인(길전, 좌야일랑), 대만(임성재) 등 여러 국가의 테러리스트들이 맺은 연맹

2) 폭탄 2개, 권총 2자루, 탄환 20발, 수류탄 1개

송강춘 2층에서 대기 중에 그들은 붙잡힌다. 회합이 끝나고 술에 만취되어 나오는 적에게 폭탄을 던지려 했던 계획은 허사가 되었다. 종업원으로 변장하고 있던 일본 경찰이 미리 잠복하고 있었다. 밀고가 있었다. 이번에도 총 한번 쏘아보지 못하고, 수류탄 한 번 던져보지 못한 구파의 운명은 그렇게 독립운동의 마침표를 찍는다.

5.

정읍에 있는 그의 기념관은 그리 넓지 않았다. 전시물들도 많지 않았다. 그가 남겼다는 유일한 유품이 친필 편지 한 장이었다. 1923년 7월 25일, 일본으로 떠나기 전, 지인 고필석에게 "여비를 보내달라."는 내용이었다. 세로로 쓴 국한문혼용체의 정갈한 글씨다. "진본은 독립기념관에 소장되어 있다."는 해설사 선생님의 설명이다. 기념관 한쪽에는 〈세계사상대전집〉이 꽂혀있다. 1923년 일황 암살 계획을 했다가 관동대지진으로 동지들만 잃고 귀국하면서, 정읍으로 가져왔던 책들이다. 정읍 집 선반 위에 보관되어 있던 것을, 일본 순사가 들이닥쳐 마당 바닥에 던져 불태웠다는 책이다. 구파가 사상전집을 독파하고 본인의 사상적인 번뇌와 나아갈 바를 결정했다고 한다. 기념관 측에서 그의 독서량을 보이기 위해서 똑같은 것으로 구해서 전시해 놓았나 보다.

백정기 의사의 거사 파트너로 지명한 이강훈, 안내자로 나선 원심창 세 사람의 사진이 실린 국내 신문 기사도 전시되어 있다. 사진 속,

이강훈과 원심창의 얼굴은 허탈한 아쉬움이 가득한 표정이다. 그러나 백정기 의사의 표정은 분노와 분개, 적개심으로 가득 찬 포효하는 사자의 눈빛이다. 양손으로 허리춤을 짚고 있다. 싸울 기세다. 서대문형무소 담벼락에 붙어있던 여러 열사의 사진 중에서 만해 한용운 선생의 눈빛이 매우 반항적이었던 기억이 난다. 그 눈빛보다 강도가 다른 매서운 표정이다. "던지지 못한 게 억울하다."를 얼굴 표정과 온몸으로 말하고 있다. 그러나 그는 지병이었던 폐결핵이 악화되어 그 이듬해 6월 5일에 순국한다.

기념관에서 읽어보라고 내게 내어준 책 「항일혁명투사 구파 백정기」(조광해 著(사), 구파백정기기념사업회) 347쪽 내용을 모두 읽어 내는 건 힘든 일이었다. 페이지마다 가슴 아픈 내용뿐이기 때문이다. 역사적인 사실을 나열한 설명문이니, 딱딱한 건조체 문장을 읽어내는 건 쉬운 일이 아니다. 그러나 기념관을 둘러본 것으로는 구파의 생애를 알 수 없는 일인지라, 책을 읽어 내는 수 밖에 다른 도리가 없다. 누군가 구파의 일생을 좀 더 이해하기 쉽게 재미있는 이야기로 구성하여 책을 써주면 좋을 것 같다. 그 시대 상황과 아나키스트에 대한 이해도 쉽게 말이다.

심문을 받으러 갈 때마다, 감옥의 복도에 구파의 기침 소리가 떠나갈 듯 들렸다고 했다. 그럴 때면, 이강훈과 원심창은 일본인 간수가 알아듣지 못하도록 "괜찮으냐?"고 한국말로 인사를 건네곤 했다고 한다. 자신이 죽을 것을 안 구파는

"나는 얼마 살지 못할 것 같다. 동지는 몸이 건강하니 자중자애하

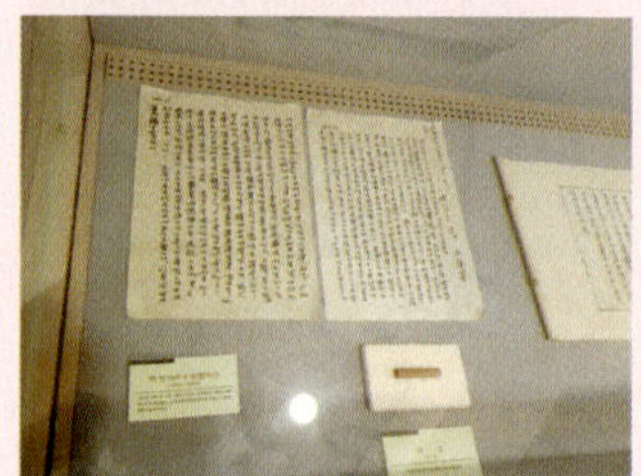

좌로부터 구파 백정기의사 순국비
기념관 표지석, 기념관 설경
백정기 친필 서신, 삼의사 추모 유해 봉환 내용
백정기 의사가 기거했던 상해 주거지 및 기사
체포 당시의 백정기 의사 사진

라. 출옥하거나 만일 독립이 안 됐으면 나를 조국 땅에 묻지 말고 독립이 됐으면 나의 유해를 조국 땅에 묻어 주되 무덤 위에 꽃 한 송이만 꽂아주기 바란다"

라고 말했다고 한다. 그것이 그의 유언이 되었다.

아나키스트인 박열은 윤봉길, 이봉창, 백정기 의사의 유해를 발굴해 낸다. 그의 분골은 1946년 6월 부산항에 도착한다. 김구 선생이 3의사의 유해가 조국 땅으로 돌아올 수 있게 힘썼기 때문이다. 김구 선생이 부산까지 가서 3의사의 넋을 맞이한다. 3의사의 장례는 국민장으로 치러지고 효창공원에 나란히 묻히게 된다.

6.

세 살 연하의 남편이 집을 떠나고, 영영 돌아오지 않는 남편을 기다렸을 조팔락 여사의 삶을 생각하면 아프기만 하다. 부잣집 장녀로 태어나 가난한 구파에게 시집을 간다. 조팔락 여사의 친정에서는 구파의 영특함만 보고, 살 집과 전답까지 내어주며 시집을 보낸다. 구파가 일본 경찰을 구타한 사건이 있었다. 인근 농가에서 물레를 파괴하고 목화 씨앗을 짓밟는 일본 경찰을 구파가 목격한다. 불의를 보고 참지 못하는 의협심에 경찰에게 주먹을 날린 것이고, 그 일로 구파는 늘 숨어다닌다. 육혈포(권총)를 늘 소지하며 다녔다니 도망자의 비애를 보는 것 같다. 그런 남편을 바라보는 부인의 심정은 어땠을까? 정읍을 떠나 일본으로, 중국으로 망명 후 돌아오지 않는 남편. 남편의 가슴엔 오로지 나라의 독립과 혁명만이 가득했다. 자식 하나 낳아 주지 않은 남편을 원망하며 눈먼 시어머니를 봉양하며 외로움과 설움과 한을 삭혀갔을 조팔락 여사. 윤봉길 의사의 부인이 그러했듯이, 백정기 의사의 부인도 남편이 맡기고 간 남편의 부모를 공양하며 꽃잎을 태웠을 것이다. 죽어서도 한 무덤에 합장되지 못한 백정기 조팔락 부부, 그랬다. 그녀는 이미 남편을 나라에 내어주고 그냥 허전하고 외로운 날들로 주름져갔다. 우당 이회영 선생의 부인 이은숙 여사는 죽어서는 국립묘지에 남편의 분골인 듯한 흙과 함께 묻혀있고, 건국훈장 애족장에 추서되지 않았던가? 독립운동가를 남편으로 둔 그 시대 모든 여자들은 외로웠고, 고달팠고 서러웠을 것이다. 이은숙 여사가 삯바느질로 독립운동자금을 대어주었다지만, 독립운동가의 아내들 고생의 무게는 똑같이 천근 만근일 것이다.

7.

정읍 백정기 의사 기념관에 두 번을 찾아가고, 효창공원에 몇 번씩 찾아가고, 두꺼운 책을 힘겹게 읽어내고 나서야 나는 백정기 의사에 대한 여행 수필 한 꼭지를 완성했다. 5년이라는 시간을 뜸을 들인 셈이다. 한 독립운동가의 생애를 송두리째 이해하여 글로 쓴다는 것은 쉬운 일이 아니다. 그의 사상과 행보와 억울함과 한까지 담아낸다는 건 녹록하지 않은 일이다. 백정기 선생이 언제 어디서 무엇을 폭파하고 저격하고, 어떤 직접 행동(terror)했는지는 중요하지 않을지도 모른다. 1924년, [제중국조선무정부주의자연맹]을 결성하고 기관지 〈

정의공보〉에 편집위원으로 활동한다. 상해 주물공장에서 폭탄제조 기술을 배운다. 1925년, 상해 전차 공사에 검표원으로 취직하기도 하고, 1925년 11월, 폭탄과 권총을 사 천진으로 이동하여 우당의 집에 모였으나, 자금조달로 무위로 끝난다. 1926년 상해 김구 집에서 운남 군관학교를 졸업한다. 임정 정보를 누설한 여운형과 김규식을 응징한다. 1927년, 전차회사에 다시 취직하여 동지들을 부양한다. 1928년 독립자금 조달을 위해 동지들과 아이스크림 판매장을 열어 힘든 노동으로 쇠약해지고 성공하지 못한다. 1930년 해림에서 조선족 소학교에서 청장년 훈련과 농사지도에 힘쓴다. 주민들을 위해 희곡을 쓰고 〈소인극〉을 공연한다. 1931년 11월 흑색공포단을 조직한다.

그가 아나키스트로서 의열 투쟁을 어떻게 해왔는지 간략히 살펴보았다. 자금조달을 위해 중국에서 잠깐씩 일을 하기도 한다. 편집위원을 맡고 희곡을 쓸 정도의 문학적인 소양이 있었던 것으로도 보인다. 평화로운 시대에 희곡이든 소설을 쓰는 것은 문학인으로 발돋움할 일이지만, 혁명과 의열 항쟁이 가슴을 꽉 메우고 있는 그에게 희곡 창작은 하나의 취미에 불과했을 수도 있다. 우당 선생이 시름을 달래기 위해 단소를 즐겨 불었던 것처럼. 아나키스트 혁명가였던 백정기 선생에게도 문학적인 소양이 있었음은 간과할 수 없는 일이다.

그가 지향했던 것은 오로지 조국의 독립이었다. 그 시대 백정기와 같은 아나키스키들은 미국과 같은 강대국에 의존한 독립은 의미가 없다고 여겼다. 해서 강대국에 기대어 독립을 쟁취하려는 이승만 노선에 반대하며, 무장 독립전쟁에 의한 독립 쟁취만을 추구했다. 어쩌면 아나키스키들과 이승만 노선의 극렬한 반대 노선이 팽배했다고 보아야 할 것이다. 해방 후에 이승만 노선이 정권을 잡았고, 미국의 신탁통치까지 있었다. 이승만 정권이 자신들과 노선이 달랐던 아나키스키들을 포용하며 인정과 상훈과 대접을 성대하게 해주었 리 없지 않는가? 이승만의 집권으로 더욱 소외된 아나키스키들이다. 나라를 위해서 몸을 던져 육혈투쟁을 해왔던 그들의 공로는 그렇게 눈 속에 파묻히는 일이 되어버렸는지도 모른다.

며칠 전에 찾았던 정읍의 백정기 의사 기념관은 눈 덮인 설경이 온통 하얀 세상. 멋진 광경이 펼쳐졌다.

아.름.답.다.는 표현으로는 모자라는 무엇이 느껴졌다. 눈이 녹고 꽃 피고 새 우는 봄이 올 무렵, 눈으로 덮였던 흙에서 싹이 나겠지. 자연의 법칙대로 신록이 우거지는 여름이 풍성해지겠지. 이처럼, 이승만 정권에 의해서 소외되었지만, 독립을 향했던 아나키스키들의 몸부림도 우리가 기억해야 하는 독립운동사에 큰 획이었다. 폭탄을 던졌든, 총을 쏘았든 그것이 명중이든 불발이든, 폭탄이 보따리 밖으로 나오지도 못했든….

나라를 독립시키려고 보따리를 싸서 아나키스트의 길을 떠났던 정읍의 한 사나이. 불의를 보고 참지 못했던 백정기 의사는, 독립운동사에서 짚고 넘어가야 하는 큰 맥이 될 것이다. 상해의 3대 의거-윤봉길의 홍커우 공원 의거, 김원봉 의열단의 황푸탄 의거, 백정기의 육삼정 의거로 꼽히지 않는가?

정읍에 그의 사당 의열사義烈祠 지붕에 눈이 덮였다. 흰 눈을 이고 있는 사당의 모습이 단아하다. 그의 영정 앞에 향 꽂고 묵념을 올렸다.

"이제 기침은 하지 않으시나요?
무궁화 한 송이 꽂아주길 바랐던 백정기 의사님.
후손들이 한 송이만 꽂아드리겠는지요?
천만 송이라도 꽂아드리지 않겠는지요?
백정기 의사님을 기억하겠습니다.
제국주의 권력을 향해 폭탄을 던지고 싶어했던 아나키스트여"

서울로 돌아오는 길은 다행히 오래 걸리지 않았다. 고속도로를 달리는 내내 가난한 농부의 아들 구파를 생각했다. 부유한 처가를 두어 편안히 살 수도 있었을 텐데, 그는 매우 고단한 길을 걸었다는 생각이 지워지질 않는다. 고속도로에 점점 어둠이 내린다. 쌩쌩 속도를 내며 서울을 향해서 달리는 차량들은 어떤 목적을 갖고 달리고 있을지 궁금해진다. 우리는 다 다른 목적을 갖고 살아간다. 아무 생각 없이 사는 사람들도 있겠지만, 그 시대 백정기 선생의 목적은 오직 한 가지였을 거라는 생각만은 떨쳐지질 않는다.

(2021. 1.15.)

*참고문헌 :

「항일혁명투사 구파 백정기」(조광해 著(사), 구파백정기기념사업회), 「이회영과 젊은 그들」(이덕일著, 역사의 아침出), 「운명의 여진」(이규창著), 「이회영 내 것을 버려 모두를 구하다」(김은식著, 봄나무出)

백정기 의사 기념관 설경

진천의 일곱 살 소년에서 대한독립군정부 정통령이 되기까지

— 이상설 선생을 찾아서

코로나 19로 인해 외출을 자제하라는 매스컴의 엄명이다. 사람과 사람을 차단하는 바이러스의 공포로 온 세계가 여행 정지다. 외국인들을 입국 정지하며, 빗장을 잠가 버린 나라도 허다하다. 나라 간의 여행길이 끊어졌다. 이러다가는 외국 여행의 길이 영영 열리지 않을지도 모른다는 염려가 앞선다.

그동안 외국(일본, 중국, 연해주 등)에 산재해 있는 독립 운동가들의 유적지를 여행 후, 여행기를 써서 책으로 내왔다. 여행이 금지되니 답답하고 안타깝다. 특히, 연해주에 대한 글은 2/3권 정도의 분량밖에 쓰지 못했으므로 마음이 참담하다. 가고 싶은데 갈 수 없는 현실 상황이 안타깝기만 하다.

이런 상황에서 이상설 선생이 머리에 떠오른 이유가 무엇일까? '돌아오고 싶어도 돌아올 수 없는 조국 땅. 밟고 싶어도 밟을 수 없는 조국의 흙이 얼마나 그리웠을까?'를 생각하면서 이상설 선생의 마음을 헤아려 본다.

2017년, 우수리스크의 9월 햇살은 따가웠다. 블라디보스토크 역에서 우수리스크까지 시베리아 횡단 열차로 50분 정도 이동했다. 그곳의 한인 학교를 둘러보고 이상설 유허비로 이동할 것이라고 단단히 믿고 있었다.

그런데 "한인 학교에서 시간을 너무 지체했으므로 이상설 유허비는 볼 수 없다"고 했다. 여행사 가이드의 말이었다. 다시 버스로 블라디보스토크로 이동해야 하며 차가 많이 밀릴 것이고, 예약해 둔 저녁식사 시간에 맞추기도 힘들다는 것이다. 이런 황당한 상황이 있을 수 있다는 말인가? 우리는 이상설 유허비를 보기 위해서 이곳까지 왔으며, 저녁 한 끼쯤은 포기해도 좋으니 이상설 유허비를 봐야 한다고 나는 우겼다. 난감해하는 여행사 가이드를 보며, 거기서 물러날 내가 아니었다. 협회 이사장님께 나는 다시 주장했다. "이상설 선생은 이위종, 이준 열사와 함께 헤이그 만국평화회의에 고종황제의 밀서를 갖고 가서, 을사늑약의 부당함을 주장했던 독립 운동가인데, 선생의 유허비를 둘러볼 시간이 없다고 합니다. 저녁을 굶더라도 봐야하지 않을까요?" "40명 회원의 저녁을 거르고라도 봐야지요" 결국 이사장님은 나의 주장을 들어주셨고, 우리는 저녁 식사를 포기하고 이상설 유허비를 보기로 했다.

따가운 가을 햇살 속에 하얀 비석으로 서 계신 이상설 선생. 그는 아무 말이 없었고, 주변에 억새만이 가득 피어있던 4년 전의 기억. 어디서 구해왔는지 태극기를 펼쳐 들고 협회 회원들 40명은 선생의 유허비 앞에서 기념사진을 찍었고, 그날 우리는 저녁을 거르지 않았다. 선생의 혼백이 도와주셨는지, 다행히 차가 막히지 않았기 때문이다. 저녁 식사 때, 같은 테이블에 앉아서 함께 식사했던 시인들에게 이상설 선생이 왜 고국 땅에 돌아가지 못하고 이곳에서 돌아가셔야 했는지를 간단히 설명해 주었다.

"우리는 내일 한국으로 돌아가잖아요. 돌아갈 나라가 있고, 가족이 있고. 우리는 참 행복하죠. 뱃길만 평온하면 우리는 무사히 한국에 갈 수 있어요." 나의 말에 박00 시인은 "우리가 내일 한국으로 모셔갑시다. 이 술잔에 선생의 혼을 담아서…"라고 말했다.

한국에 돌아와서 블라디보스토크 신한촌, 우수리스크 최재형 선생이 마지막 거주했던 집, 고려인 마을, 까레이스키들의 애환에 대한 기행문과 선생에 대한 시를 여러 편 썼다. 그리고 몇 년 동안 선생을 잊고 있었다. 아픈 마음을 이미지로 형상화해서 시를 쓰는 일이 내가 선생을 위해서 할 수 있는 최선이었다. 2017년에는.

시인들이여, 바라보라

姜 笑 耳

어깨 위에 떨어지는
진청색 우수리스크 하늘의 고요한 함성을
그는 지금 가을의 러시아 수이푼 강변에 서 있다

쇠사슬에 묶여있던 그의 기차표며 배표도
수이푼 강가에 하얀 가루로 뿌려졌지

흘러라 그의 혼백이여
금지된 그의 조국은 지금 수이푼 강가에 서 있다

- 이상설 선생을 찾아서

코로나 19로 인해 온 세계가 어수선한 시국 속에서 마음을 가라앉혀 본다. 외출 대신, 그동안 써놓았던 원고를 정리하기로 했다. 2017년에 우수리스크에 다녀와서 써 놓았던 시 10여 편을 읽으면서, 그때 내 마음에 파고 들어왔던 이상설 선생에 대한 기행 수필을 써야겠다는 생각이 든다. 한국 땅에도 그의 유적지가 있을 것이라는 생각이 들었기 때문이다. 인터넷으로 선생의 평전 두 권을 주문해서 며칠을 읽다 보니, 그의 생가가 충북 진천에 있다는 것을 알게 되었다.

다른 독립 운동가들의 유적지에 들를 때마다, 언제나 관람객은 나와 동행해준 지인뿐이던 기억이 떠오른다. 진천으로 여행을 가도 좋겠다는 생각이 들었다. 둘러보러 오는 이들이 없을 것이므로, 사람들과 접촉할 확률은 거의 없고 코로나 19도 염려할 문제가 아니었으므로 안심하고 떠날 수 있는 여행이었다. 진천 군청에 확인하니, 관람이 가능하다고 했다. 해설사의 설명은 불가능하다고 했다. 아는 만큼 보이는 법이니, 책을 세 권이나 읽었으므로, 가서 둘러보면 이해가 될 거라는 확신이 들었다. 한국 땅에서 선생의 흔적을 찾을 수 있다는 것만으로 감사한 일이었다.

서울에서 출발하여 2시간 30분여 분만에 충북 진천군 산척리 산직 마을에 도착했다. 삼덕리 상덕마을에서 좌회전하여 논길을 따라 7분쯤 들어갔다. 아스팔트로 포장된 도로 양옆으로 매실나무가 가로수로 열병식을 하고 있다. 나무 밑에 매실이 떨어져 있다. 황금색 매실이다. 모내기를 6월 초에 한다는 말을 들은 것 같다. 길 양옆으로 모내기해놓은 논의 모습이 평화롭다. 농촌 시골 마을 한 쪽에 선생의 생가가 외롭게 앉아 있다. 볏짚으로 이엉을 두른 초라한 초가집이다. 두 二자로 된 가난한 초가집. 그곳에서 고려 시대 대학자 이제현의 23대손, 조선 인조 영조 때 영의정을 지낸 이시발의 11대 손으로 이상설 선생은 태어났다. 혈통이 훌륭하지만, 이상설 선생의 할아버지 때부터 생활이 궁핍해졌는지 그의 생가는 구한말 가난한 농부의 집만도 못할 정도로 보였다. 집 앞에 피어있는 진분홍 접시꽃들이 풍경을 더하고 있다. 초가 왼편으로 이상설 선생의 동상이 서 있다. 오른손을 높이 쳐들고 왼손에는 둘둘 만 서류뭉치가 들려져 있다. 30m 옆에 선생의 유물전시관이 있다. 관람객은 아무도 없었다. 문이 잠겨있을까 염려했으나, 유리문을 밀어보니 다행히 문이 열리고 선생에 대한 기록과 사진들이 전시관을 메우고 있다. 그러나 의암 류인석 선생의 기념관이나 백범 김구 선생의 기념관과는 사뭇 다르다. 뭔가 미흡해 보였다. 대한제국 최초의 망명정부-대한독립군 정부의 정통령의 전시관이라고 하기에는 빈약하다는 느낌이 들었다.

물론 1919년에 설립한 상해임시정부에서는 김구 선생이 한인 애국단을 만들어 윤봉길 의사나 이봉창 의사를 파견하여 의열 항쟁을 하는 등 광복 때까지 지속적인 활동이 있었다. 이보다 5년 앞서서 세워진 대한광복군 임시정부(1914년)가 일제의 방해로 러시아의 압력에 의해 해체되는 등 활동 기간이 짧았다 해도 선생의 다른 노고를 보아서라도 기념관을 좀 더 확장하면 좋겠다는 생각을 해본다. 물론, "모든 유품을 다 불태워버리라" 라고 했던 선생의 유언으로 남아 있는 자료를 모으기 힘들다고 해도 최선의 무엇을 후손들에게 보여주었으면 좋겠다는 생각이 들었다. 유물전시관을 둘러보고, 계단을 17개쯤 올라가서 태극문양이 그려져 있는 숭열사(이상설 선생의 사당)에 참배를 했다. 1997년 3월 2일에 지금 자리로 이전했다는 설명도 있다. 사당에는 자주색 커튼 앞에 이상설 선생의 사진이 크게 놓여있다. 사진 앞에 나무로 된 검정색 위패도 놓여 있다.

"대한독립군정부정통령보재이선생"

"참배 후에는 까만 상자로 위패를 덮어놓아야 한다" 고 일행은 덧

붙인다. "선생의 혼이 어디에 계실까요? 유해를 화장하여 수이푼 강에 뿌렸다고 했는데요"라고 내가 물었다. 김삼웅씨가 쓴 「보재 이상설 평전」에서 이미 읽었지만, 나는 선생의 혼이 어디에 계실까 다시 확인을 하고 싶었다.

"광복 후 반세기가 지난 후에야 러시아 연해주 우수리스크 쌍성자 수이푼 강변에서 초혼례를 올리고 선생의 혼백을 조국 땅으로 모셔왔다."는 것을 위의 책(262쪽)에서 읽었지만, 선생의 혼백이라도 조국 땅으로 돌아오셨기를 소망하고 싶은 확인 질문이었을 것이다.

"그 위패 속에 계시지요. 다른 데 나갔다가도 누가 와서 위패 뚜껑을 열면 위패로 혼백이 돌아오시지요." "네, 그렇군요. 헤이그 특사로 선생이 파견되어 만국평화회의에는 입장도 못 하고 여러 나라 언론에 을사늑약의 부당함을 알렸다고 책에서 읽었어요. 그것에 대해 일제는 궐석재판을 열어 이상설 선생에게 사형을, 이위종 선생에게 무기징역을 선고했기 때문에 조국에 돌아올 수 없었던 이상설 선생이었잖아요. 광복되었으니, 그의 혼백이라도 조국으로 돌아오셔야지요."

그런 대화를 나누면서 방명록에 이름을 기재하는데, 어디서 날아왔는지 갈색 나비 한 마리가 방명록 주변을 날고 있다. '선생의 혼백이 나비의 날개에 올라타고 오셨을까?' 나 혼자만의 상상으로 나비를 따라가려 했더니, 우리 일행 주변을 돌다가 사당 뒤편으로 날아가 버렸다.

"고생 많으셨습니다. 2017년에 우수리스크 수이푼 강변 유허비를 보고 왔는데, 이제야 기행문을 완성하려고 여기를 찾아왔네요. 선생에 대해 기행문을 잘 써서 많은 사람에게 선생의 행적과 정신을 잘 알릴 수 있게 도와주소서. 그 시대를 살아보지 못하여 아는 것도 부족하고 책 세 권과 진천 방문으로만 선생에 대한 기행문을 쓰려니 글의 실마리가 잡히질 않습니다. 도와주소서"

이런 나의 기도를 선생의 혼백이 들으셨을까? 그래서 나비 등을 타고 잠시 나타나신 걸까? 혼자 상상해 본다. 그런 생각을 하며 계단을 내려오다 보니, 사당 왼쪽에 무덤이 하나 보였다. 선생의 부인 달성 서씨의 묘라고 상석에 쓰여 있다. 선생이 타계하기 전, 피를 토하자 비밀리에 고향에 연락하여 부인이 극진히 간호했으나 선생은 부인과 동지들 여러 명이 임종을 지킨 상태에서 숨을 거두었다고 했다. 서씨 부인은 조국으로 돌아오지 못하던 남편을 10년 만에 만나서 끝내 임종을 지켰고, 오래도록 수절하며 혼자 지냈다고 선생의 평전에서 읽었던 기억이 있다. 몇 년 전에 윤봉길 선생의 사당(충남 예산)을 방문했을 때도 사당 왼편에 윤봉길 선생의 부인 배봉순 여사의 묘를 본 적이 있다. '독립 운동가들의 부인들은 살아서 남편을 독립운동에 내어주었다가 죽은 후에는 남편의 사당 옆에 영원히 잠드는구나.' 라는 생각이 든다. 이상설 선생의 부인도 그랬다. 남편을 독립운동에 내주었던 여인들. 그러나 죽어서는 영원히 옆에 누워있는 여인들. 그 여인들은 행복할까? 라는 생각을 하며 우리 일행은 충북 음성을 지나, 경기도 이천과 양평, 가평을 지나 강원도 춘천에 있는 의암 류인석 선생 기념관으로 차로 몰았다. 거기서는 류인석 선생의 부인 두 명(민씨와 정씨)은 류인석 선생과 합장되어 있었다. 류인석 선생은 연해주에서도 이상설 선생과 교류와 존숭으로 광복을 위한 협력을 하셨으나, 그분에 대한 여행기는 다음 글에서 다루기로 한다.

다시 이상설 생가 앞마당으로 돌아가 보자. 일곱 살 소년이 앞마당에서 뛰어노는 모습이 보이는 것 같다. 그러나 선생은 일곱 살 때 양부를 따라 서울로 왔고, 그의 일족이었던 이용우의 양자로 들어간다. 이시발의 경억慶億의 후손이었던 이용우는 동부승지를 지내고 재산도 많았지만, 자식이 없었기에 이상설을 양자로 들인다.[1] 이상설 선생이 현재 명동 성모병원 근처인 저동으로 이사하게 되었는데, 이시영 선생과 앞뒷집에서 살게 되는 인연이 된다. 사람의 인연법이란 신기한 모양이다. 이시영 선생과 어린 시절에 함께 뛰어놀며 함께 공부하게 되었던 유년시절은 후에 연해주로 망명한 이시영 · 이회영 6형제의 독립운동과 협주를 하게 된다. 독립운동은 어느 한 사람의 힘과 노력만으로 되는 게 아니었다. 관현악의 협주처럼 그들의 독립운동은 협주였다. 맡은 악기의 연주가 다를 뿐이었지만, 그들의 인연은 의롭고 맹렬하게 연주하는 협업이었다. 사망의 원인과 시기가 달랐지만, 그들의 목표는 오직 한가지 조국 광복이었다. 그런데 「보재 이

1) 보재 이상설 평전, 김삼웅 채륜出, 30쪽

상설 평전」(이창호 지음, 벗나래)과 「이회영, 내 것을 버려 모두를 구하다」(김은식 지음, 봄나무), 「보재 이상설 평전」(김삼웅, 채륜出) 책의 내용에서 공통점을 발견했다.

1905년 을사늑약으로 조선의 외교권을 빼앗기자, 이상설 선생을 정사로 하고 이위종과 이준 열사를 부사로 하여 헤이그 특사를 파견했다는 것은 어느 책에서나 말하고 있는 사실이다. 고종황제가 백지 위임장을 내주어 고종의 제가를 받은 것도 세 책의 일치점이다. 그러나 김삼웅씨와 이창호씨가 지은 평전에서는 상동교회 지하 청년 회의실에서 전덕기 목사와 이회영 선생의 회의와 도움이 있었고, 미국인 헐버트 선교사와 김상궁(고종의 침전상궁)의 도움이 컸으며 고종황제께서 20만원의 내탕금을 내어주었고 한인회(블라디보스토크 한인회장 김학만, 정순만 등 교포들의 모금 1만 8천 원)의 후원이 있었다고 했다. 그러나 김은식씨가 쓴 책에서는 헤이그 특사를 전적으로 계획하고 준비한 것은 이회영 선생이며 도운 사람은 조정구(대원군의 사위)라고 쓰여 있다. 이회영 선생의 공로라고 적고 있다.

1905년 을사늑약이 맺어지자 민영환公 조병세公이 자결했고, 이상설 선생도 자결하려다 미수로 그쳤던 비장한 울분이 있던 터였다. 1906년 미리 간도 용정으로 건너가 서전서숙瑞甸書塾을 열어 간도로 이주한 동포들을 대상으로 민족교육을 실시했다. 신학문인 역사, 지리, 법학, 수학, 헌법, 한문 등을 가르치며 반일 민족교육에 힘썼지만

실상은 독립군양성소와 다름없었고, 22명에서 70명 정도의 학생을 가르치는 서당과 같은 규모였다. 이상설 선생은 고종 황제의 밀서를 기다리는 1년여 동안, 사재를 털어 서전서숙을 운영하였다. 그러나 이준 열사가 고종황제의 밀서를 갖고 블라디보스토크에서 이상설 선생과 만나 헤이그를 향해 떠나면서, 서전서숙은 문을 닫게 되었다. 재정난이 큰 문제였다. 서전서숙은 민족교육의 효시였다. 한인들이 많이 모인 곳마다 학교를 세워서 항일 구국의 일념으로 인재를 길러 내고자 용정 명동 학교가 세워졌다. '이회영 선생의 6형제 일가에 의해 신흥무관학교가 세워진 것도 이상설 선생의 서전서숙의 정신적 영향력이 아니었나!' 하는 생각을 해본다.

선생은 20 여일의 긴 장도長途를 거쳐서 헤이그에 고종황제의 밀사로 갔다가 만국평화회의에 입장도 하지 못했다는 것. 의회장이었던 러시아 측의 답변은 "조선의 외교권은 일본에 있고, 조선의 참석을 연락받지 못했으니 회의장에 입장할 수 없다"는 것이었다. 고종황제의 친서를 접수하는 것조차 받아들여지지 않았다. 거절과 좌절 앞에서 이상설, 이준, 이위종 3명의 애국심은 주저앉지 않았다.

이위종은 러시아 주재 한국공사관에 외교관을 지낸 인물이므로 유창한 러시아어로 회의장 앞에서 세계 기자들을 모아 기자 회견을 가졌다. 억울한 울분과 을사늑약의 무효를 토로하여, 세계 언론인들만이 동정심과 공명심으로 각자의 나라에 언론화시켰다. 각국 특파원들은 미국, 유럽 등에 각종 매체를 통해 보도하였으나 언론은 정치가들의 결정을 뒤집지는 못했다. 제국주의 야욕에 불탄 열국의 이권 앞에 언론도 힘을 쓰지 못했다.

이준 열사가 병으로 헤이그 숙소(융스호텔)에서 갑자기 사망했다. 3명 중 2명만 남은 이상설 정사와 이위종 부사는 영국과 파리를 거쳐 미국으로 건너갔다. 1907년 8월 1일~9월초, 1908년 2월~1909년 4월 두 차례나 미국에 머물면서 루즈벨트 대통령에게 고종황제의 밀서를 보이며 조선의 억울함을 호소하며 지원을 요청했으나, 루즈벨트 대통령은 두 사람의 조선인을 만나주지 않았다. 선생은 헤이그 밀사로 파견될 때부터, 닫힌 문밖에서, 억울한 호소를 받아들이지 않는 제국주의 열강 앞에서 절망의 고배를 마셔야 했다. 비통한 일이다. 힘없는 나라, 국권을 빼앗긴 나라의 비운이었다. 가쓰라-태프트 밀약으로 미국이 필리핀을 차지하는 대신 일본이 조선을 차지하는 것을 묵인하는 루즈벨트 대통령의 정책에서부터 조선은 열강의 제국주의 침략 전쟁에 먹잇감으로 던져졌다.

먼 여정과 고단한 몇 년 간의 그들의 노력은 이루지 못한 절망이 되었고, 오히려 일본에게 고종황제를 퇴위시키려는 빌미만 제공하고 말았다. 힘없는 군주와 외교관의 좌절이었다.

미국을 떠나 3개월의 길고도 고단한 여정을 마치고, 이상설 선생은 연해주 블라디보스토크로 귀환했다. 연해주 지역의 회무 총괄을 맡아달라는 국민회의 결의에 의한 것이었으나, 실상은 일제가 이상설 선생에게 사형선고를 내렸기 때문에 조선 땅으로는 돌아갈 수 없는 상황이 되었다.

돌아가고 싶지만 돌아가지 못하던 이상설 선생의 절망의 나날들. 48세의 젊은 나이로 선생은 생을 마감했다.

나라를 위해서 뭔가를 하지 않으면 견디지 못하는 이상설 선생. 양아버지에게서 받은 유산을 나라를 위해서 사용하다가 결국 사망하기 수년 전에는 러시아 콘지다스지 총독에게 매달 100원씩 생활비를 받으며 그의 고문이 되어주기도 했다.

1914년, 이상설 선생은 대한광복군 정부를 수립했다. 러시아 콘지다스지 총독과 우호적인 관계로 시베리아 레나강 상류의 넓은 군영지를 무상으로 빌릴 수 있었고, 군대의 막사와 교관까지 러시아 당국에서 제공해주기로 했다. 소총 등의 무기류는 무상으로 지원하는 대신 100원씩의 생활비를 지원받는 임시정부 정통령이었다.[2] 군대편성과 훈련을 중점 사업으로 하려 했으나 러시아 정부에 의해 강제로 해산되는 비운을 맞아야 했다. 세계 1차 대전의 발발로 인한 것이었다.

이상설 선생은 조국 광복을 위해 끊임없이 일을 시도하려 했다. 그

---

2) [보재 이상설 선생 평전](김삼웅, 채륜 出)228쪽

러나 열강 앞에 약소국 조선의 비운만큼, 선생의 시도는 좌절되는 경우가 많았다. 일제의 탄압을 피해 러시아 땅에서 도모했던 여러 가지 일들-신홍촌 건설, 문화계몽사업, 13도의군 편성, 고종의 연해주 망명 꾀함, 성명회 조직, 권업회 창설, 권업 신문 창간, 대한광복군정부 수립, 신한혁명당 창설 등은 일제가 러시아에게 넣은 압력에 의해서 저지되거나 무산되기 일쑤였다. 러일전쟁에서 패배한 러시아도 일본의 압력 앞에서는 어쩔 수 없이 조선의 협조자가 되지 못했기 때문이다.

경술국치 후, 이상설 선생은 1910년 8월 18일 성명회를 조직했다. "병탄서약이 무효임"을 공표하기 위한 성명서(1만여 명의 서명을 받음)를 각국 정부와 신문사에 보내어 국권을 회복하려 했다. 러시아 정부의 탄압 속에서도 활동을 계속했으나, 러시아는 42명의 독립 운동가들과 함께 이상설 선생을 니콜리스크에 유폐시켰다. 러시아 경찰에 일본의 압박이 있었을 것이다.

1년 후 풀려나온 이상설 선생은 좌절하지 않고, 1911년, 5월 20일에 권업회를 창설하고, 1912년에는 [권업 신문]을 만들어 시베리아 구석구석에 있는 한인 마을, 북간도, 국내까지 민족의식을 고취하려 했다. 1913년 10월 6일에는 이상설 선생이 사장 겸 주필이 되고, 일제의 탄압에서 보호받기 위해 러시아인 주고프를 발행인으로 두었으나 러시아 정부의 저지에 의해 폐간되었다(1914년 30일). 일제의 압력에 의한 것이었다.

이상설 선생은 광복을 위한 마지막 몸부림으로 '신한혁명당'을 창설하여 본부장이 되어 활동하였으나, '보안법 위반사건' 으로 모두 검거되어 선생의 계획은 다시 절망의 나락으로 떨어졌다. 선생이 시도하는 항일운동마다 탄압했던 일본.

어쩌면 이상설 선생께서 구국운동에 번번이 실패할 때마다 받은 절망감이 피를 토하게 했는지도 모른다. "절망은 죽음에 이르게 하는 병" 이라고 말했던 키에르케고르 철학자의 말이 생각나는 시간이다. 이상설 선생을 이해하기 위해서 세 권의 책을 며칠 동안 읽었다. 밑줄을 그어 가면서 읽는 내내 선생이 시도했던 모든 일은 오직 구국운동이었다는 것이다. 일제의 방해로 좌절되었고 끝내 선생은 망국의 한을 안은 채 이국땅에서 절명했다.

망국 후 최초로 세운 대한광복군 정부의 정통령 이상설 선생. 선생의 혼백을 우리 국민은 진정으로 받아주고 있는가? 그의 혼백이 계실 곳은 어디일까? 태어나신 초가집 안마당에 계실까? 며칠 동안 읽은 세 권의 책 728쪽의 내용은 오직 두 문장이다.

"이상설 선생은 광복을 위해 투혼을 불살랐다."

"우리나라에 국권 회복할 기회가 올 것이니 모두 낙망 말고 분발하라."

독립운동을 위해 온 힘을 다했던 이상설 선생이 그의 생가 앞에 피어있는 진분홍 접시꽃 속에서 밝게 웃고 계셨으면 좋겠다.

이상설 선생 동상
이상설 선생 유허비(우수리스크)
이상설 선생 기념관
이상설 선생 사당
이상설 선생 생가

2001년 10월 18일에 수이푼 강가에 선생의 유허비가 세워졌다. 러시아 정부의 협조도 있었다. 선생의 독립운동에 대한 열정이 후손들에게 그렇게 러시아 땅에서도 기려졌다.

연해주에서

姜 笑 耳

꽃잎 하나 떨어지는 소리에도 터질 듯 고요가
안으로 견디고 있을 연해주에서
결 거친 물결, 무작위로 쏟아지던 갈 햇살의 목마름
수이푼 강가에
귀환을 꿈꾸던 견고한 물결을 본다

수선화 꽃잎
달빛 그늘 하얀
연해주에서 돌이 된 그리움 하나,
수이푼 강[3]을 본다

---

3) 조국으로 돌아오고 싶었으나, 돌아오지 못하고 연해주에서 잠든 이상설 독립운동가의 유허비가 세워진 강가

수이푼 강

姜 笑 耳

연해주로 가는 가을 바다의
감청빛 노을
은빛 물소리

물에도 혼이 있다면
아득히 멀어져 간
이상설의 두 주먹 외로움이
눈부신 억새풀 잎으로
수이푼 강가에 하얗게 부서진다

낙타빛 그리움
안으로 안으로 삭히는
쥐 난 종아리처럼

햇살 따가운 갈댓잎 위에
우수리스크
들리지 않는 하얀 종소리

참고문헌 :
「보재 이상설 평전」(이창호, 벗나래)
「보재 이상설 평전」(김삼웅, 채륜出)
「이회영, 내 것을 버려 모두를 구하다」(김은식, 봄나무)

가을 바람 쓸쓸한데
물조차 차구나
대장부 한 번 가면
어찌 다시 돌아오랴

이준 열사 3부

고층건물 틈새에 끼어 있는 숨은 그림—안국동

이준 열사 집터를 다녀와서

보라색 붓꽃 꽃잎은 하늘 종이에

무엇을 쓰고 싶을까

호법신 이준 열사

고층 건물 틈새에 끼어있는 숨은 그림

— 안국동 이준 열사 집터에 다녀와서

1년이면 인사동으로 나들이를 나가는 일이 50번은 넘을 것이다. 독립문역에서 전철을 타면 경복궁역을 지나 바로 안국역이다. 독립문에서 20년을 넘게 살았으니 인사동에는 100번을 넘게 나들이를 나갔을 것이다. 안국역 6번 출구로 나가서 인사동 골목으로 접어들면 기분이 좋아지곤 한다. 인사동에는 갤러리가 많다. 갤러리마다 미술 전시회가 열린다. 그림을 좋아하기에 인사동에 갈 때마다 설레는 마음으로 전시회를 둘러보곤 했다. 문우들을 만나 전통찻집에서 차를 마시기도 하고 식사도 하면서 문학에 관한 이야기를 나누며 낭만적인 시간을 갖곤 했다. 고가구, 도자기, 기와지붕과 전통 공예를 보는 것도 좋았다. 한복 옷감으로 만들어진 주머니나 동전 지갑을 구경하는 것도 재미있다. 인사동은 언제 가도 서울 속에 문화 공간, 전통적인 느낌으로 색다른 곳이다.

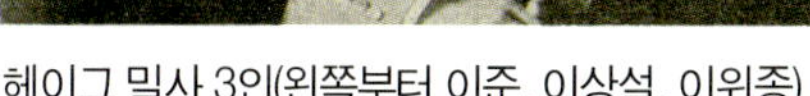

헤이그 밀사 3인(왼쪽부터 이준, 이상설, 이위종)

이준 열사에 관한 서적

무심코 100번을 넘게 지나다녔던 곳. 그곳에 그가 숨은 그림처럼 조용히 침묵하고 있을 줄은 알지 못했다.

6번 출구에서 인사동 쪽으로 옮기던 발길을 돌려, 신호등만 건너면 그의 집터를 볼 수 있는데, 그냥 지나치곤 했다. 길 건너 안국 우체국 옆으로 2층짜리 빵집이 하나 있다. 그 옆에 해양 회관이라는 고층 빌딩이 있다. 그의 집터 표지판은 빵집과 하나 은행(해영회관 1층) 간판 틈새에 끼어있다. 한 평 정도 되는 공간을 간신히 얻은 것 같은 역사의 한 조각 표지판이다. "자투리"라는 낱말이 떠오른다. 하얀색 화강석으로 만들었다면 눈에 잘 띄었을지도 모른다. 그의 표지판이 안국동 148번지 해영 회관 서편 구석 끝에 세워진 것이 2017년 7월 14일이었으니, 그 한 조각 역사의 한 뭉치가 세상 사람들에게 드러난 게 3년이 넘었다. 그의 집터가 그곳에 있는지도 모르고, 한 번도 쳐다보지도 않은 채 그냥 지나쳤던 것은 어처구니없는 일이 아닐 수 없다. 손에 쥐여주기 전에는 청맹과니처럼 눈을 감고 지나갔던 그 집 앞.

검은색 철판에 "이준 집터"라고 쓰여 있다. "이준 열사 집터"라고 써놓았으면 좋았을 것 같다. 헤이그 특사로 파견되어 '세계만국평화회의'에서 을사늑약의 부당함을 만국공법에 호소하려 했던 호법신(護法神)의 투혼에 대한 예우가 아닐까 싶다.

"이준 열사의 부인 이일정李一貞이 1905년 우리나라 처음으로 부인상점을 연 곳이기도 하다" 라고 쓰여 있다. 이일정 여사가 돈의동 집을 팔아 이곳 안국동 148번지로 이사를 하여 안현 부인상점을 열었다는 구절을 어느 기록에서 읽었던 기억이 있다. 전면을 유리로 장식한 현대식 상점에서 바늘, 실, 단추, 머릿기름, 분, 비누, 살림살이를 파는 상점을 2년 정도 계속 열었다는 기록도 있고, 5년 동안 계속 했다는 기록도 있다. 어떤 것이 맞는지는 알 수 없으나, 이준 열사가 고종황제의 명으로 헤이그를 향해 떠난 곳은 이 집터에서였던 것은 틀림없는 사실이다.

그 당시 그의 집의 모습을 상상해 본다. 이성계의 이복형인 이원계의 후손이었으므로 남루한 집에서 살진 않았을 것이다. 동경 와세다 대학에서 3년 정도 법과 공부를 하고 돌아와 우리나라 최초의 검사劍事를 지냈으니 이곳 안현동 11통 6호(그 당시의 지명)는 그가 생전에 이 땅에서 머문 마지막 공간이다. 기와지붕에 나무로 된 대문을 가진 집이었을 것으로 짐작이 된다.

왼쪽에 붉은색 벽돌 건물과 오른쪽으로 하나 은행 회색 건물 사이에 50cm 정도 되는 철문이 하나 있다. 지금은 그의 안현동 집의 기와 조각의 눈썹 한 장도 보이지 않는다. 그 당시의 흔적을 조금도 찾을 수가 없다. 나무 문대신 회색 페인트를 칠한 철문이 보인다. 저 철문을 밀고 들어가면 안쪽에, 113년 전 헤이그를 향해 이 집을 나섰을 이준 열사가 계실 것 같다. 철문 오른쪽, 하나 은행 왼편으로 ㄷ자 모양으로 쑥 들어간 벽에는 설명 판이 걸려 있다. 열사의 인물 사진, 만국평화회의보(1907년 7월 5일 字 기사를 실은 프랑스 신문), 독립문 사진이 들어있다.

「이회영, 내 것을 버려 모두를 구하다」(김은식, 봄나무出)에서는 궁에서 나온 고종의 백지위임장에 이회영 선생이 "대한제국 황제의 모든 권한을 특사 이상설 선생에게 위임한다."고 적었다고 했다. 밀서는 조정구를 통해 이회영 선생에게 전해졌고 이준 열사가 밀서를 갖고 헤이그를 향해 집을 나선 곳이 안국동 집이었다고 되어있다. 그러나 그것은 그 당시 상황으로는 불가능한 일이다. 이준 열사는 유배, 망명, 투옥 등이 반복되었고, 황족이든 친일파 법무 대신이든 고소와 구형을 서슴지 않았던 검사劍事였다. 또한, 여러 구국 단체에 회장으로 추대되어 반일 개혁 구국운동에 앞장섰던 거목이었다. 선생이 고종황제의 특사로 선임되기 전에 이준 열사가 조선 땅에서 벌였던 여러 가지 일들은 막대했다. 해서 고종의 신임을 얻었고 중차대한 일이 그에게 맡겨졌음은 간과할 수 없는 일이다. 이상설 선생을 만나러 블라디보스토크 行 배를 타러 부산으로 가는 길이 안전하지 않았을 것이다. 여정에서 일본의 감시로부터 무사하기 위해서는 안국동

N° 16 — VENDREDI 5 JUILLET 1907

Courrier de la Conférence

DE LA PAIX

Rédigé par WILLIAM T. STEAD

BUREAUX: Princessegracht 6A, La Haye

AVIS

Qu'est-ce que la Contrebande de Guerre?

만국평화회의보 2017년 7월9일자

이준 열사 집터

집에서 고종의 밀서를 받는 것은 매우 위험한 일이었을 것으로 짐작된다. 「황제의 특사 이준」(임무영 · 한영희 장편 소설, 문이당 出)에서 그려진 것처럼, 미국인 선교사 헐버트를 통해서 블라디보스토크에서 고종 황제의 서류(고종의 밀서와 신임장)를 건네받는 것이 안전한 방도였을 것이다. 명성황후 시해 사건(1895년)과 을사늑약(1905년 11월 18일)으로 고종도 일본의 간계와 감시를 알아차렸을 테니까 말이다. 세계만국평화회의에 을사늑약의 부당함과 일본의 침략야욕을 만국공법으로 판결받아 국권을 되찾고자 했던 고종이었다.

고종은 을사늑약이 체결될 당시, 의정부참찬을 지냈던 이상설을 정사로 선택했다. 민영환 선생의 자결 소식 이후 이상설 선생도 울분을 토하며 자결을 시도했던 의기義氣를 높이 보았기 때문이다. 그리고 불의를 보면 참지 못하고 법정신으로 물불을 가리지 않고 법의 칼을 들어 내리치려는 이준 열사를 부사로 선임했다. 대사관인 부친(이범진)을 따라 영국, 프랑스, 러시아 등을 따라다니며 외교관의 기질이 몸에 배어 있으며 영어, 프랑스어, 러시아어에 능한 이위종이 부사로 선임되었다. 고종의 헤이그 특사 세 명 중에 가장 나이가 많은 이가 이준 열사였고, 고종의 특사 중 가장 고되고 긴 여정을 떠났던 이도 이준 열사였다. 1907년 4월 22일, 새벽부터 서둘러 집을 나섰을 49세 남자를 상상해 본다. 113년 전, 안국동 집을 나와서 기차로 부산으로 가야 했고, 부산에서 블라디보스토크로 가는 배를 타야 했던 긴 여정의 출발점. 블라디보스토크에서 이상설을 만나 상트페테르부르크에서 이위종과 합류하여, 파리를 거쳐 헤이그까지 64일의 먼 여정의 첫발을 내디딘 곳이 안국동 집이었다. 길 떠나는 이준 열사를 상상해 본다. 집을 나서서 급하게 남대문 역 쪽으로 향했을 이준 열사의 모습을 상상해 본다. 다시는 돌아오지 못할 집. 대문을 여는 순간 그의 험난한 장도長途가 기다리고 있을 것을 그도 짐작하며 대문을 나섰을 것이다.

며칠째 장맛비가 내린다. 하늘은 흐려있고, 폭우가 쏟아졌다가 개었다가 부슬비가 가랑비로 변했다가 그쳤다가 보슬비가 내리기도 한다. 물난리와 산사태로 온 나라가 어수선하다. 비 피해로 인해 매스컴은 들끓고 있다. 안국역 1번 출구에서 창덕궁 쪽으로 30m 떨어진 곳에서 보고 왔던 이준 열사의 집터가 눈에 아른거린다.

그의 집터가 있는 곳을 알고 나서 나는 견딜 수 없는 끌림에 이끌려

다음날 또 다시 그의 집터를 찾아갔다. 은사님과 시에 관한 이야기를 나누기로 약속이 되어있었지만, 그곳에 갔으니 한 번 더 보아야 할 것 같은 강한 끌림이 있었다. 그 집터에 갔을 때는 잠시 비가 그쳤다. 다행이었다. 일부러 길 건너에서 그의 집터를 바라보기로 했다. 2020년 8월의 그 집 앞으로는 6차선 도로가 있다. 그 당시에도 길가 집이었다. 전면을 유리로 장식한 이일정의 부인상점이 집 바로 옆에 있었다고 했으니, 길 건너에서도 상점과 집이 건너다보일 테다. 그 당시의 모습을 상상해 보면서 지나가는 차량들 너머로 구한말의 한 페이지를 머릿속에 떠올려 본다. 안국동 길은 버스와 승용차로 늘 혼잡하다. 경복궁 앞에서 창덕궁 쪽으로 가는 차량들, 그의 집 앞에 주유소를 끼고 우회전하여 종로3가 쪽으로 가는 차량들. 브라암스 고전 음악 카페를 끼고 좌회전하여 헌법재판소와 북촌 쪽으로 가는 차량들로 바퀴들과 지나는 사람들이 가득하다. 꼭꼭 숨겨져 있는 숨은 그림처럼, 그 속에 그의 집터가 있었다. 사실 안국동 집에서 이준 열사가 기거한 것은 만 2년 정도였을 것으로 짐작이 된다. 그 전에 11년 정도 살았던 곳은 바로 옆 돈의동이었고, 돈의동에 살기 전에는 김병시 대감집 문객이었다. 그의 고향 함경남도 북청군 북청읍 속후면에서 13세까지 살다가 김병시집에 머물게 되었다. 김병시의 아들(김용규)과 마찰로 다시 북청으로 돌아갔었지만, 김병시의 부름으로 다시 한성(서울)으로 와서 돈의동에 정착한 것이 1894년(36세)으로 짐작된다. 돈의동은 지금의 낙원상가에서 단성사 쪽 일대다. 근거 사실이나 토지대장 등으로도 확인할 길이 없으니 서울에서 오래 기거했던 돈의동 집은 찾지 못하고 있는 것 같다. 지금 집터 표지판이 있는 곳(안국동 148번지)도 1928년에는 중국인 마진림의 소유가 되어 장손루라는 중국집이 들어섰었고, 이후에 덕성 학원에서 매입하여 사유지가 되어있으니, 구한말 역사에 거목의 집터는 안국동 고층 건물과 개인의 소유가 되어버린, 잊어버린 자투리가 되어있는 것은 아닌지? 그것도 (사)민족문제연구소가 각종 조사와 토지대장 등을 통해 간신히 알아냈다고 한다. 그의 집터에서 길 건너 종로 경찰서 쪽에서 그의 집터를 건너다보았다. 달리는 차량들 속에 언뜻언뜻 보였다가 시야 속에서 사라지는 작은 퍼즐 한 조각 같다.

한참을 길 건너에 서서 건너다보아도, 지나는 사람들은 눈길 한번 주지 않고 지나간다. 한 쌍의 연인인 듯한 20대 남녀는 팔짱을 끼고 한 손에 테이크 아웃(take out) 커피잔을 들고 지나간다. 어떤 아주머니들 몇몇 사람도 서로 이야기를 주고받으며 그냥 지나간다. 두 사람의 남자도 급한 걸음으로 옆에 있는 은행 안으로 들어간다. 한 무리의 사람들은 옆에 있는 커피전문점으로 우르르 들어간다. 머리가 허연 아저씨 한 분은 이준 열사 집터 바로 옆 빵집 문을 밀고 들어간다. 모두 눈길 한번 주지 않는 것으로 보인다. 표지판 앞에 서서 설명을 읽거나 사진을 찍는 이가 한 사람도 없다. 30여 분 동안 서서 관찰해 보아도 이준 열사는 2020년 8월 우리들에게 외면당하고 있었다. 1907년 7월 헤이그 세계만국평화회의장에 입장도 못하고, 문밖에 세워졌던 그때처럼.

인간의 삶을 영위하는 데 필요하다는 화폐를 취급하는 은행과 허기를 달래줄 빵집 틈새에 간신히 한 평 공간을 얻은 "이준 열사의 집터" 표지판. 코로나 19로 지구 전체가 어수선하다. 오늘 우리는 1907년 헤이그를 향해 집을 나섰다가 그 집으로 돌아오지 못한 이준 열사에게는 관심조차 없을지도 모른다. 코로나 19가 얼른 종식되어 이전의 생활로 다시 돌아가고 싶은 마음만 간절하다. 한국 경제와 세계 경제가 회복되길 바라는 마음만 간절하다. 사람들 간의 교류가 예전처럼 편안해지고, 안심하고 모임과 행사도 예전처럼 정상화되길 소망하는 마음들뿐일 수도 있다. 갈망의 내용과 종류는 다르지만, 2020년 8월 오늘이라는 안국동 풍경 속에 '이준 집터' 는 숨은 그림처럼 현재라는 시간 속에 끼어있다. 그 당시 이준 열사가 애타게 몸부림치며 고군분투孤軍奮鬪했던 일이 안국동 그의 집터에서 사람들 가슴에 울림을 주었으면 좋겠다는 생각을 해본다.

1905년 돈의동에서 안국동으로 이사를 했고, 1906년(48세)에 평리원平理院 검사劍事에 취임하였고 특별법원 검사를 역임했으니 검사로 출퇴근 한 집도 안국동 바로 이 집터에서였다. 법의 정신이 무엇일까? 한마디로 간단하게 "정의 구현" 에 있다고 해두자. "만민은 법 앞에 평등하다." 는 평등정신에 있다고 해두자. "누구나 법의 보호를 받고 인간의 존엄성을 갖게 하는 것" 에 있다고 해두자. 그 당시, 러시아, 청나라, 일본 등 열강이 우리나라의 국권을 빼앗으려고 서로 아귀다툼을 하는 사이에 열강의 파도 앞에 꺼져가는 국운을 바로 잡으려는 안간힘의 마지막 투혼이 불살라진 곳이 이곳이었다. 1894년 청일전쟁에서 일본은 청나라를 물리쳤고, 1904년 러일전쟁에서 러시아를 물리치고 일본은 조선을 삼키는 명분을 얻게 된다. 1904년 가쓰라 태프트 밀약으로 미국은 필리핀을 일본은 조선을 차지하기로, 미국과 일본 사이에 밀약이 맺어진다. 결국, 조선은 일본 손에 들어가는 일만 남은 상황이었다.

어릴 때부터 의협심이 강했던 이준이었다. 1896년 '조선독립협회 평의장' 으로 맹활동하다가 반대파의 미움으로 신변의 위험을 느낀다. 일본으로 망명하여 1896년부터 1898년까지 일본 와세다 대학에서 법과를 졸업하게 된다. 귀국 후, 1906년에 평리원 검사가 되어 우리나라 최초 검사로서 호법신護法神이 된 것도 이 집에서였다. 호법신이란 불법을 수호하는 신을 말한다. 억울하게 옥에 갇힌 백성들을 법의 정신으로 보호하고 억울함을 해소시켰기에 백성들로부터 얻은 명예로운 별명과 칭송이었다. 백성들의 신분 고하를 막론하고 법 앞에 평등하게 공평한 일 처리를 하는 정의의 사도였던 이준 열사. 그는 세계 만국공법에서도 일본의 부당함을 호소하고 세계공법에 대한제국의 억울함을 호소하려 했으나 그는 문밖에 세워진 약소국의 키 작은 황인종에 불과했다. 세계만국 평화회의는 말만 평화회의였지, 강대국들이 약소국을 지배하는 지배권을 서로 인정해주는 회의에 불과했다. 일본과의 관계에서 처지가 난처한 러시아 대표단장이었던 넬리도프 백작은 대한제국의 특사 3명을 만나주지도 않았으며, 회의장에 입장도 시키지 않았다. 각 나라 열강들의 대표들을 한 사람씩

만나서 설득하려 했으나 강대국 대표들은 모두 면담을 거절했다. "조선의 외교권은 일본에 있으니 일본의 허락이 없으면 참석할 수 없다"라는 주장이었다. 고종의 밀서도 위조이며 고종은 세 사람의 특사를 파견한 적도 없다는 모략을 일본이 꾸며내었다. 세 사람의 특사는 헤이그 낯선 땅에서 어떤 선택을 해야 했을까? 안국동 집을 나선 지 2개월이 넘게 걸려서 찾아갔던 헤이그에서 절망감에 싸인 이준. 아내가 있는 안국동으로 돌아오고 싶었을까? 이일정을 일컬어 사람들은 이준의 부실副室이라고 했다는데 자신보다 17세나 젊고 예쁘고 부유한 아내에게로 돌아오고 싶었을지도 모른다. 1907년 7월 14일 이준이 자결하기 하루 전에 헐버트 선교사가 부인의 병을 핑계로 미국으로 떠났고, 하루 전날 이위종이 러시안 부인의 병이 위독하다는 전보를 받고 러시아로 떠나버렸다. 이준은 그렇게 하지 않았다. 그는 어여쁘고 나이 어린 아내에게 다시 돌아가지 않았다. 안국동 집 대문을 나간 지 56년 2개월 12일 만에 수유리 묘역으로 돌아왔다. 멀리 헤이그 공동묘지에 묻혀 있다가 다시 귀환했다. 부인 이일정이 세상을 떠나고 28년 후였다. 지금은 집주인들이 모두 떠나고 그들의 집터라는 표지판만이 빵집과 은행 간판 사이에 끼어있다.

갑자기 장대비가 퍼붓기 시작하고, "이준 집터" 표지판도 비를 맞기 시작한다. 비가 그치고 뜨거운 태양이 떠올랐으면 좋겠다.

(2020. 8. 5.)

보라색 붓꽃 꽃잎은 하늘 종이에 무엇을 쓰고 싶을까?

—이준 열사 묘역에 다녀와서

고종의 백지 위임장

강북구 수유리에 있는 4·19 기념공원 옆에 자리 잡고 있는 이준 열사의 묘역을 찾아갔다. 기념공원에는 독립운동가들 흉상이 한 일자(一)로 전시되어 있다. 사진을 찍으며 이준 열사 묘역 이정표를 따라 얕은 산길을 올라가다 보니 공기가 맑기만 하다. 위쪽에 해가 잘 드는 곳에 이시영 선생 묘소 이정표도 보인다. 이시영 선생의 묘소를 먼저 둘러보기로 한다. 어디에선가 산새들이 지저귀는 소리가 들린다. 맑은 공기가 신선하다. 이곳은 좋은 기운이 느껴진다는 생각을 하면서, 맑은 공기 속에서 아래를 내려다보며 누워계신 이시영 선생을 잠시 생각하고 있으려니 무덤 주변에 무더기로 피어있는 보라색 붓꽃이 눈에 들어온다. 붓꽃의 꽃말은 "좋은 소식"이다. 어떤 힘에 이끌려 붓꽃

앞으로 가보니 꽃잎의 끝이 붓처럼 생겼다. 청초하게 피어있는 붓꽃 밑에 이름 모를 분홍색 야생화도 피어있다. 분홍 위에 초록, 초록 위에 보라, 보라 위에 초록 나무들, 초록 나무들 위에 하늘이 보인다. 오랜만에 시멘트 없는 자연 속으로 오니 마음이 편안해지는 느낌이다. 하늘을 올려다보니, 구름 한 점 없이 맑기만 하다.

"붓꽃은 보라색 꽃잎으로 하늘 종이에 무엇을 쓰고 싶을까?"를 생각해 본다.

붓꽃에 매료되어 한참을 내려오다 보니, 이시영 선생 묘소 아래쪽으로 오른편에 이준 선생의 묘역이 보인다. 묘역 주변을 넓적한 화강석 네모난 돌들을 쌓아 담을 둘러놓았다. "殉國大節"이라는 네 글자가 세로로 돌 판에 새겨져 있다. 순국대절이라면 "나라를 위해, 대의를 위해 목숨을 바쳐 지키는 절개"라고 해석할 수 있다.

안국동 이준 집터 설명 판에는 이준 열사의 사망을 病死(憤死)라고 적혀있었다. 49세밖에 안 된 장정이 2개월의 긴 여행을 했다고 해서, 피곤이 겹쳐 병사病死했다면 슬픈 일이다. 병사라기보다는 절망감에 빠진 것이라고 보는 게 맞지 않을까? 「이회영, 내 것을 버려 모두를 구한다」(김은식, 좀나무 出)에서는 이준 열사가 여행 중에 얼굴에 종기(피부병)가 생겼고 종기 때문에 사망했다고 되어있다. 어떤 책에서는 울분을 이기지 못하고 홧병으로 죽었다고 되어있다. 「황제의 특사 이준」(임무영 · 한영희 장편 소설, 문이당 出)에서는 De Jong

Hotel 투숙했던 호텔 방에서 음독자살을 했다고 그려냈다. 소설은 상상력의 산물이니 있을 수 있는 fiction이기 때문에 이준 열사의 사망을 음독으로 처리한 그 소설가를 비난할 수는 없지만, 내가 다니던 초등학교 복도에 걸려있던 그의 사진과 설명은 "헤이그 특사로 갔다가 할복자살함" 이라고 되어있던 구절이 기억난다.

6학년 때 나는 서교동에 있는 학교로 전학을 갔다. 전학을 가서 그 학교에서 제일 먼저 내 눈에 들어왔던 것이 복도에 걸려있던 이준 열사의 사진과 설명이었다. 그래서 아직도 머릿속에 뚜렷하게 기억되고 있나 보다. 전학 간 학교의 첫인상이 이준 열사였으니, 그리고 그 사진을 본 지 44년 만에 나는 이준 열사에 대한 기행문을 쓰고 있다. 어쩌면 이준 열사에 대한 기행은 1976년 7월 4일부터 시작되었을지도 모른다. 내가 전학을 간 날이다. "할복자살했던 열사" 로, 강한 인두 자국으로 뇌리에 남아 있던 이준 열사의 묘역을 2020년 5월 11일에 찾아갔다. 화강석으로 둘러쳐진 돌에는 고종 황제의 어새가 찍힌 고종의 밀지도 돌에 새겨져 있다. 피리를 부는 천사의 모습과 비둘기일 것 같은 새들도 부조로 새겨져 있다. 화강석 둘레 중앙에는 이준 열사의 얼굴이 황금색 흉상으로 부조되어 있다. 나비넥타이를 하고 양복을 입은 모습이다. "일성 이준열사지묘" 라고 흉상 밑에 적혀있다. 이 한 가지만을 보아도 그의 죽음은 다혈질적인 성격의 사람이 열 받아서 분을 참지 못하고 홧병으로 죽었다고 할 수 있을까? 얼굴에 난 종기를 수술하다가 죽었다고 하는 말들도 한다. 이 모든 것들은 일본이 이준 열사의 자결을 왜곡하려고 꾸며냈을 가능성이 짙다.

을사늑약 이후, 1905년 민영환 선생과 조병세 선생, 홍만식, 송병선, 이상철, 이건석, 돈의문 밖 배씨 등 고관에서 평민, 인력거꾼들까지 자결을 했다. 이들의 자결은 사림들의 자결로 국내외에 파문을 일으키고 순국과 항거에 도화선이 되고 있었다. 영국에서 구국운동을 펼치던 주영 공사관에 서리 공사였던 이한응도 대사관 문에 목을 매고 자결을 했다. 국내외에서 이렇듯 뜻있는 지사들은 자결함으로써 자신들의 의기를 보이며, 을사늑약의 부당함에 항거하는 게 그 시대 선비들에겐 유행처럼 기류를 이루고 있던 때였다.

게다가 몸이 약해서 병사했거나, 분을 못 이겨 분사했다고 일을 꾸며서 이준 열사의 죽음을 욕되게 하는 것은, 그의 죽음을 보며 힘 빠지게 하려는 일본의 계략은 아닌지? 병사(분사)와 자결은 엄청난 차이가 있다. 민영환 선생처럼 할복자살로 발표되면, 세계와 국내에 미칠 파급 효과는 어마어마하게 된다. 일본에 울분을 가진 조선인들에게 불을 붙이는 도화선이 될 것이며, 전국에서 의병이 일어나게 하는 폭탄이 될 것을 일본은 알았을 것이다.

이준 열사가 블라디보스토크로 떠나기 위해 부산에 도착했을 때, 안창호, 이중호, 이갑과의 석별 석상에서 그가 읊은 시 구절을 읽어 보도록 하자.

秋風蕭蕭兮 易水寒 壯士一去兮 不復還

가을 바람 쓸쓸한데 물조차 차구나

대장부 한 번 가면 어찌 다시 돌아오랴

라고 노래했다. 이 시에서 보면 이미 이준 열사는 고종의 명을 받고 안국동 집 대문을 나서면서 이미 죽음을 각오하고 길을 떠난 것으로 보인다. 뜻을 이루지 않으면 다시 돌아오지 않겠다는 의지의 표현이 위의 시 구절에 그대로 녹아있다고 하겠다. 또한, 수유리 이준 열사의 묘역에서 내려오는 길에 이준의 말씀이 돌에 새겨져 있는 것을 보았다. 정확히 말하면 돌에 새겨져 있는 것이 아니고, 검은 돌판에 금속으로 만든 글자를 붙여서 글자가 돌보다 툭 튀어나와 보인다.

"죽는다는 것은 무엇을 죽는다하며 사람이 산다는 것은 무엇을 산다하는가 죽어도 죽지 아니함이 있고 살아도 살지 아니함이 있다 그릇 살면 죽음만 같지못하고 잘 죽으면 도리어 영생한다 살고 죽는 것이 다 나에게 있나니 모름지기 죽고 삶을 힘써 알지어다"

- 이준 열사 말씀 -

여기서도 보면, 그의 생사관이 잘 드러나 있다. 의를 위해서 죽는 것을 영광스럽게 여기고 있음을 알 수 있다.

이준 열사가 블라디보스토크에 도착하여, 이상설 선생과 합류 후 5월 21일에 러시아 상테트페테르부르크에 도착한 것은 6월 4일이었다. 이곳에서 웨베르와 바파로프의 도움으로 러시아 외무대신 이즈

볼스키를 만나 황제의 친서를 보여주며, 우리 대표단의 편의를 부탁하려 했으나 열흘 동안 면담을 거절하고 만나주질 않았다. 오히려 러시아 외무대신은 만국평화회의에서 러시아 대표로 참석 중인 넬리도프에게 이준 일행을 만나주지 말라는 지시를 내린다. 강성해진 일본을 의식하여 발을 뺀 것이다.[1] 만국평화회의 의장국으로서 한국에 초청장까지 보냈던 러시아가 손바닥을 뒤집은 것이다. 이것이 국제외교인 모양이다. 실리를 찾아 신의를 저버리는 손바닥 뒤집기 외교 말이다. 열흘이라는 긴 시간을 허비한 고종의 특사들은 이즈볼스키를 만나는 것을 포기한 채 베를린을 향해 출발한다. 이위종이 번역한 장서를 베를린에서 인쇄한 후 네덜란드 헤이그에 도착한 것이 6월 25일이었다.

세 명의 특사는 바겐스트리트가 124번지 허름한 드용 호텔 3층에 여장을 풀고, 곧바로 호텔 입구에 태극기를 게양했다. 제2회 만국평화회의는 이미 6월 15일부터 한 달간 개최될 예정이었다. 고종의 특사는 열흘 늦게 도착한 셈이다. 3명의 특사는 회의장 문밖에 세워진 채, 입장을 저지당했다. 만국평화회의 제1분과위원회를 찾아가 "일본의 불법 행위를 의제로 삼을 것을 요구" 하면서 황제의 친서를 전했으나 접수를 거부당했다. 미리 일본이 손을 써두었으니 약소국 조

1) 「이준 열사, 그 멀고 외로운 여정」 (사)일성이준열사기념사업회, 한비미디어出 144~145쪽 참고

선의 특사들은 입장도 접수도 거절될 수밖에 없었다. 그렇다고 물러설 특사들이 아니었다. 고종황제의 헤이그 특사 위임장을 영문으로 번역하여 베를린에서 미리 인쇄하여 준비해 온 인쇄물과 '일본의 불법 행위' 내용을 별도로 작성하여 평화회의 의장과 각국 대표에게 보냈다. 신문을 통해 공표했다.[2] 각국 대표들의 숙소에 찾아가 한 사람 한 사람 면담을 요청하고 인쇄물을 전하려 했으나, 미국 프랑스 독일 대표들은 면담을 거부하고 만나주지도 않았다. 대부분의 나라가 냉랭한 태도였으리라. 그러나 세계 언론은 동양에서 온 황인종의 키 작은 세 명의 특사들의 이야기를 새로운 사실로 보도하고 자국의 신문에 크게 다루었다. 헤이그 특사 위임장은 영문으로 번역되어 〈The I-ndependent〉 1907년 8월호에 게재되었다. 요점은 다음과 같다.

1. 1905년 11월 18일 조약에서 있었다고 하는 몇몇 자료들의 서명은 위협과 강압에 의한 것이었다.
2. 황제 자신은 각료 누구에게도 서명의 권한을 주지 않았다.
3. 각료회의란 일본인들이 강제로 불러 모은 것이므로, 국법에 따른 것이 아니었다. 결국, 을사늑약은 법률적으로 무효임을 선언한 것이다.[3]

미국신문에 7월 1일 자로 보도되었으며, 7월 3일에는 〈대한매일신

---

2) 3) 「이준 열사, 그 멀고 외로운 여정」 (사)일성이준열사기념사업회, 한비미디어出 151쪽 참고

보〉에 특사 파견 소식이 게재되었다. 이위종의 유창한 프랑스어로 열정적인 호소는 각국 대표들에게 감명을 주었고 각국 신문에 매일 한국의 억울한 사정이 보도되었다.[4] 동정의 여론이 형성되었으나 여론은 일본의 계략과 강대국 간의 밀약을 깨뜨리지 못한 채 특사들의 호소는 회의장에서 의제로 다뤄지지 못했다. 그러던 중, 7월 10일 미국인 선교사 헐버트가 미국으로 돌아갔다. 부인의 병환이 이유였다. 이튿날 이위종도 러시아로 돌아갔다. 러시아인인 아내가 위중하다는 전보 때문이었다. 이위종은 조선을 떠나 부친 이범진을 따라 7세 때부터 프랑스, 영국, 러시아 등에 대사관으로 따라다녔으니 조선의 실정과 을사늑약의 위급한 상황에 민감하지 않았을지도 모른다. 국가의 존망보다 아내의 병이 더 중했을지도 모른다. 이준의 반대에도 이위종마저 떠나고 이상설과 이준 두 사람만 남게 되었다. 여기서 이준 열사는 크게 실망을 느꼈을지도 모른다. 일본 와세다 대학 법부에서 법학을 공부하고 우리나라 최초의 검사가 되어 호법신으로 백성들에게 추앙을 받았던 이준 열사였다. 만국공법에 일본의 계책에 의해 을사늑약이 강제로 맺어졌으니, 위법이며 무효라는 것을 주장하고 관철시킬 야심을 갖고 두 달이 넘는 긴 여정에 올랐던 이준 열사였다. 그러나 강대국들의 정치적인 이기심 앞에서 좌절할 수밖에 없었고, 강대국들은 이미 자신들이 나눠 먹을 약소국을 서로 인정하는 만국평화회의를 보고 깊은 절망감에 빠졌을 것이다. 면담조차 거부

4) 「이준 열사, 그 멀고 외로운 여정」 (사)일성이준열사기념사업회, 한비미디어出 151쪽 참고

하며 만나주지도 않는 강대국 대표들의 냉담한 태도에서도 마찬가지 심정이었을 것이다. 특히 일본의 계략에 의해, 고종의 밀서는 위조된 문서이며 3명의 특사는 정식 특사가 아니고 가짜라는 소문을 냈으므로 특사 3인의 목적을 이루기엔 난제만이 남아 있다고 판단되었나 보다. 고종의 밀서가 진서이며, 3명의 특사는 고종의 정식 신임장을 받고 파견되었다는 그들의 진정성을 주장할 길이 없어 보였던 당시의 상황.

중국 총통 원세개袁世凱의 만시의 내용에서도 이준 열사의 죽음에 대한 표현이 있다.

중국 총통 원세개袁世凱의 만시

가슴을 가르고 피를 뿌려 그 진실된 마음을 보였으니
그 장한 절개 문득 천하 사람이 놀라도다.
만리에서 혼은 돌아와 고국에 안정을 못하고 헤매는데
어찌 처자를 위하여 눈감기를 어려워했으리.
오직 군왕과 조국 그리고 겨레를 위하여 그 몸을 버렸도다.
당당한 대의가 일월과 같이 높았으니
황천에 가서 백이숙제와 이웃을 같이하리로다.

미국 프리스턴 대학 출판부 발행, 브루스 커밍스 지음(1990년) 이 책도 살펴보자.

Dulles had attended The Hague Convention in 1907 as a young secretary, a gattering at which a Korean patriot committed suicide when he was not allowed to present the case for his natinn's independence.

덜레스는 1907년 헤이그 국제회의에서 젊은 서기관으로 참석했었는데, 그 모임에서 한국의 독립문제가 국제회의에서 상정되지 않았을 때 한 한국의 애국자가 자살을 감행했다.

또 한가지 주장[5)]이 있다. 1907년 6월 말, 러시아의 도움으로 헤이그 특사 3인이 문제를 상정하도록 허락을 받았고 을사늑약의 무효를 주장했으나, 일본 대표는 한국의 외교권이 일본에게 있으므로 특사들은 회의장에서 발언할 자격이 없음을 주장하며 회의장에서 쫓겨나게 되었다. 이에 이준 열사가 항거하기 위해 자살을 했다. 로버트 올리버.

이역만리 말도 통하지 않는 남의 땅에서 문밖에 세워진 이준 열사. 영어, 불어, 러시아어에 능통하여 특사들의 혀가 되어주고 손발이 되어 주었던 이위종마저 떠나니 이준 열사의 심정은 참담했으리라. 민영환이나 최익현 등을 늘 존경하며 그들과 궤를 같이했던 이준이었기에 그의 선택은 오직 한 가지였을 것 같다. 헤이그 특사로 파견되

5) 「이준 열사, 그 멀고 외로운 여정」 (사)일성이준열사기념사업회, 한비미디어出 188쪽 참고

기 전에도 조선 전국을 다니며 한국 혼과 애국에 대해 강연을 했으며, 「한국 혼 부활론」을 저작하기도 했다. 국채보상운동 연합회 회장을 맡았고, '헌정연구회' 를 조직하여 회장을 맡았었다. '만국청년회' 와 '국민교육회' 회장을 맡았으며, 친일단체인 일진회에 대항하기 위해 공진회를 조직했다. '적십자사' 를 만들었으며, '대한협동회' 를 만들어 일본 공사로부터 '荒地文券' 을 되찾아 황제에게 드리기도 했다. 이 일을 시기하는 무리의 무고로 투옥되었다가 특사로 풀려나는 일도 있었다. '대한보안회' 를 조직해서 도총무에 취임한 뒤 황무지 불하 취소 운동을 전개하기도 했다. 민영환이 자결하기 전인 1902년에는 민영환과 이상재 등과 개화당을 조직하여 "영일동맹" 을 가져오게 한 "동청사변" 이라는 연설도 유명하다. 1898년 와세다 대학 법부를 졸업하고 귀국 후, '조선독립협회' 에 재가담하여 '만민공동회' 로 개칭하고 비정탄핵을 하다가 이승만, 이동녕 등과 17명과 체포 투옥되는 일도 있었다.

이준 열사가 헤이그에 밀사로 파견되기 전에 조선 땅에서 해왔던 일들은 모두 반일과 구국운동이었다는 것을 알 수 있다. 그는 뼛속까지 애국혼으로 뭉친 이였다. 그런 이준 열사가 분한 마음에 홧병으로 사망했다는 억측은 그의 애국혼에 대한 모독이 아닐까 하는 생각을 해본다.

수유리 이준 열사 묘역은 이시영 선생 묘소와는 분위기가 다르다. 우리나라 대부분의 묘소는 봉분을 산처럼 동그랗게 만든다. 그런데 이준 열사의 묘소는 열사의 흉상 밑에 태극 모양을 요철 모양, 양각으로 만들어 놓았다. 태극 문양 밑에 이준 열사를 모셔놓았다. 흉상 옆으로 네덜란드 공동묘지(Niew Eyken -daynen)에 매장했던 무덤의 모습도 그대로 재현하여 꾸며져 있다. 네덜란드에서 그대로 가져왔는지 그대로 본떠서 만들었는지, 네덜란드식 묘지의 모양도 있다. 부인 이일정 여사의 묘지석도 왼쪽에 있다. 평장이다.

1963년 9월 26일에 이준의 시신이 서울로 옮겨왔다. 네덜란드와 프랑스 대사를 겸임한 백선엽의 주관 아래 서울로 옮겨졌다. "사람은 어떻게 사느냐도 중요하지만 어떻게 죽느냐도 중요하다" 고 했다. 이준 열사의 죽음은 순국이다. 대한민국 정부에서는 그에게 '건국훈장 대한민국장' 을 추서했다. 온몸을 다해, 혼신과 에너지와 힘을 다해 부당하게 빼앗긴 외교권을 되찾고자 했던 그의 긴 여정은 죽음으

이준 열사

로 막을 내렸지만, 그는 죽어서도 죽지 않고 의병들의 봉기에 도화선이 되었고, 1910년 경술국치 후에도 독립운동가들의 정신의 등대가 되지 않았나 하는 생각을 해본다.

헤이그에서 목숨을 끊었으나, 56년이 지난 후에라도 광복된 조국 땅에 돌아올 수 있어서 이준 열사의 영혼은 기쁠 것 같다. 수유리 그의 묘역은 조용하기만 하다. 건너편을 멀찍이 백운대 바위가 보인다. 인수봉 봉우리도 보인다. 산세 좋은 수유리 산자락, 조국의 품에 돌아오신 이준 열사. 그의 묘역을 찾았던 날 하얀 바지를 입고 갔지만, 무릎을 꿇고 그분에게 큰 절을 올려드렸다.

"고생 많으셨습니다. 이준 열사님"

무릎에 묻은 흙을 털면서 일어나려니 산새 소리도 들린다. 공기도

이준 열사 헤이그 묘소

맑았다. 이준 선생 묘역 옆에 '대한광복군 합동묘' 도 있었다. 대한광복군에 관한 공부는 다음으로 미루고 오늘은 북청에서 태어나 헤이그에서 순국하셨던 이준 열사를 생각하려 한다. 이시영 선생 묘소 앞에서 보았던 보라색 붓꽃 꽃잎이 하늘 종이에 이렇게 쓸 것 같다.

"하늘이 맑고, 새소리 고운 조국 땅에 묻히니 기쁘다." 고 이준 열사가 말씀하실 것 같다. 헤이그 특사 3명이 묵었던, 바겐스트리트가 124번지 허름한 드용 호텔은 네덜란드 교포 부부가 매입하여 기념관을 만들었다고 들었다. 코로나 19가 얼른 종식되었으면 좋겠다. 인천공항으로 달려가 헤이그행 비행기를 타고 당장 달려가서 헤이그 특사 3명의 흔적을 찾아보고 느껴보고 싶다. 그곳에서 그들이 어떤 고통을 겪으며 무엇을 아파했는지 느껴보고 싶다. 세상이 좋아져서, 비행기를 타면 몇 시간 만에 헤이그에 도착할 것이다.

애태우며 바겐스트리트 거리를 활보하면서, 고종황제의 밀서를 온 세상에 알리고 우리의 외교권을 되찾으려 몸부림쳤을 세 명의 특사들. 넉넉하지 않은 여비로 매우 고단하고 배고픈 행보였을 텐데….

어떤 책에서는 여비를 걱정하며 고종황제께서 내탕금에서 50만 원을 내어주셨다고 한다. 어떤 책에서는 우당 이회영 선생이 모두 후원했다고 적고 있다. 우당 이회영 선생이 직접 밀사를 나서려 했으나, 당시 유행병(콜레라)에 걸려 長道를 떠나지 못했다는 말도 있다. 어떤 기록에서는 만주에 망명해 있던 동포들이 후원금을 모아주었다고 한다.

문밖에 세워졌던 이상설, 이준, 이위종의 아픔을 씻어주기라도 하듯 2006년에 외교관 반기문이 네덜란드에 본부를 두고 있는 국제연합 사무총장이 된 것은 쾌재를 부를 일이다. 헤이그 특사 3명의 아픔과 뼈아픈 고생과 순국이 있었기에 우리 후손들이 "성공"의 "멋진 승리"를 보여주는 게 아닐까?

헤이그 특사의 입장을 저지했던 네덜란드였다. 그러던 네덜란드 병사들 5322명이 한국전쟁에 참전했고, 무사히 본국으로 귀국한 참전용사들이 1954년에 헤이그 공동묘지(Niew Eykendaynen)에 이준의 묘소를 재건해주었다는 것은 흥미로운 일이 아닌가? 해서 이준 열사의 네덜란드 묘지는 한국인들의 순례지가 되었다가 1963년에 조국 땅으로 귀환할 수 있었다는 것이.

코로나 19가 빨리 종식되어 네덜란드 헤이그에 가보고 싶다. 코로나 19가 나라마다 빗장을 잠가놓았으니, 가능한 곳부터 가는 게 좋을 것이다. 동대입구역 6번 출구로 나가면 장충공원에 이준 열사의 동상이 있다고 하니 내일 당장 그곳부터 가보리라. 가능한 곳부터 하나씩 탐방 길에 올라보자. 북청 출신 이준 열사를 찾아서…

(2020. 8.15.)

호법신護法神 이준 열사

이준 열사 동상 -장충공원

며칠째 내리던 장맛비가 그치고 오늘은 하늘이 맑다. 답답한 마음도 달랠 겸 전철을 타고 장충단 공원에 가기로 한다. 동대입구역 6번 출구로 나왔더니 바로 장춘공원이다. 서울 도심 안에 이런 한적한 공원이 있다는 건 고마운 일이다. 이 공원에서 남산 둘레 길로 산책을 해도 기분이 좋아지는 곳이다.

몇 년 전, 장충공원에서 남산 둘레 길을 산책했던 기억이 있다. 2018년 초봄이었던 것 같다. 겨우내 책상 앞에 앉아 책과 원고로 씨름을 하다가 친구와 함께 찾았던 곳이다. 남산 길을 오르니, 개나리 순이 노랗게 삐져나오고 있었고 봄이 남산에서 피어나고 있는 느낌으로 계절의 변화를 보며 힐링의 시간을 가졌던 곳이다. 그때도 자연이 주는 평안과 위로를 생각하면서 기쁜 마음으로 걸음을 옮겼었다.

3년 만에 찾아와 보니, 장마의 끝 무렵이라 공원에 녹음이 더 짙게 우거졌다. 공원 입구에 정자 뒤로 수표교가 보인다. 수표교 밑으로 작은 개울도 흐른다. 장마 때문인지 개울물도 불어있다. 3년 전에는 눈에 들어오지 않던 것을, 이번 방문에서는 사람들에게 일부러 길을 물어서 찾아내었다. 이 분의 동상을 왜 하필이면 이곳에 세웠을까를 생각해 보지 않을 수 없었다. 만해 한용운 선생처럼 파고다 공원에, 민영환 선생 동상처럼 조계사에, 서재필 선생 동상처럼 서대문독립공원에 세울 수도 있었을 텐데…. 이런 생각을 하며 장충단 공원 길을 걷다 보니, 이곳에는 유관순 열사 동상, 사명대사 동상도 있었고. 주영 공사관 서리 공사로 자결했던 이한응 선생 기념비도 있었다.

장충단은 "충신들을 장려하며 제사 지내는 곳" 이라는 의미를 생각해 보면, 이준 열사의 동상이 이곳에 세워진 연유가 이해된다.

장충단은 을미 사변 때 명성황후를 지키다가 순사(殉死)한 장졸들(홍계훈, 염도희, 이경호, 김홍제, 이학승, 이종구 등)과 궁내부대신 이경직의 영혼을 배향한 곳이다. 매년 봄, 가을 1년에 두 번 제사를 지내는 단壇이다. 그뿐만 아니라, 임오군란 · 갑신정변 때 순의殉義사절死節한 문신들도 추가로 모셔져 문무의 많은 열사가 장충단제향신

위裝忠壇祭享神位에 포함되었다. 이처럼 항일抗日과 배일排日 인물들이 장충단에 제향되었다.

다음은 한양가 구절이다.

남산 밑에 지은 장춘단 저 집 나라 위해 몸바친 신령 뫼시네
태산 같은 의리에 목숨 보기를 터럭같이 하도다
장한 그분네

이준 열사의 동상을 공원에서 찾고 나니, 반가운 마음에 나는 어린애처럼 팔짝팔짝 뛰었다. 멀리 헤이그까지 가지 않아도 이준 열사의 혼이 깃든 곳을 이렇게 서울 도심 속에서 볼 수 있다는 것이 기뻤다. 그리 키가 크지 않은 통통한 몸집의 이준 열사. 계단 14개를 올라가니 화강석 높은 단 위에 이준 열사가 서 계신다. 왼쪽 손에 서류뭉치를 들고서……. 고종황제가 내린 밀서와 헤이그 특사 신임장일까? 울창한 나무들이 동상 주변에 빙 둘러 심겨 있다. 동상 오른쪽으로, 그의 호號- 일성一醒을 형상화했는지 동그란 구球에서 길고 짧은 뿔들이 삐쭉삐쭉 뿜어져 나오는 모양의 조형물도 있다. 열사의 동상 뒤로는 나무들 뒤편으로 동국대학교 건물도 보인다.

그곳에서 이준 열사의 동상을 물끄러미 바라보니, 그에 관한 책 두 권을 읽었던 내용이 떠오른다. 함흥 순능 참봉직을 한 것이, 그가 맡

은 최초의 관직이었다(1894년, 36세). 이성계의 조모인 경순 왕후 박씨의 무덤을 지키는 게 그의 임무였다.

26세 때, 함경도시咸鏡道試에 장원 급제를 한 후, 30세(1888년)에 북청에 경학원經學院을 설립하고 2,000여 평 토지를 희사한 이후였다. (경학원은 지금의 북청 농업학교가 됨)

책에서 읽은 내용으로는 이준 열사는 3세 때 부모를 모두 잃고 조부 밑에서 컸다고 했다. 조부에게 받은 몫 중에서 경학원을 설립하고 토지를 희사했나 보다. 쉽지 않은 일일 것이다. 자신의 토지를 움켜쥐고 있지 않고 후학 양성을 위해서 희사할 수 있는 게 말이다. 30세 때였으면 천리(天理)를 깨닫기도 전이었을 지도 모르는데…. 후에 이준 열사가 49세에 헤이그에서 할복자살로 세상을 떠난 뒤, 그의 두 번째 부인 이일정은 안현부인상점에서 얻은 수익금 부분 장학금과 독립자금에 거액을 내놓곤 했다고 들었다. 쉽지 않은 결단이었을 것이다. 부창부수라고 했던가? 다시 이준의 이야기로 돌아가 보자.

1년여 만에 참봉직을 그만두고 그는 1895년(37세)에 우리나라 최초의 법관양성소[1)]에 입학한다. 6개월 속성 과정이었고, 가장 나이가 많은 만학도였다. 1896년(38세)에 1등 졸업생 함태영을 재치고 한성재판소 검사시보[2)]에 취임하게 된다. 그러나 임관되자마자 대관(大官)의 타락을 탄핵한 까닭으로 미움을 받아 면관되고 만다. 33일 만

1) 대조선국 최초의 정식 법률 교육기관. 법학통론, 민법, 형법, 민사소송법, 형사소성법, 기타 현행 법률을 가르쳤음

에 면직된 것이다. 어떤 기록에서는 8일 만에 면직되었다고 적고 있다. 길지 않은 검사 시보 생활이었다. 여기서 우리가 주목해야 하는 것은 대관의 타락을 탄핵했다는 것이다. 옳지 않은 것을 보면 참지 못하는 그의 의협심을 볼 수 있다. 37세 때, 법관양성소에 들어가던 해에 서재필 선생과 '협성회協成會'를 조직한 것도 주목할 일이다. 38세 때, 한성재판소 검사시보에 취임하던 해에는 상동교회 청년회 회장에 피선되었다.

다 아는 것처럼, 그 당시 상동교회는 독립운동 비밀본부 역할을 했던 곳이다. 전덕기, 이회영, 이동녕 등이 항일 비밀결사인 신민회를 결사하였고 박용만, 이승만 등도 이곳에 속해 있었다. 친구를 보면 그 사람을 알 수 있다는 말이 있다. 누구와 어울리느냐에 따라 그 사람의 궤-정신세계, 가치관이 묶일 수도 있는 것일 테다. 이준 열사는 김창수, 이시영 등과 상동교회에 모였다. 신민회 출신의 이상설, 이준이 헤이그 특사로 선임되었으니, 상동교회를 헤이그 특사의 산실이라는 말이 나온 것도 누구나 알고 있는 사실일 것이다. 상동교회는 남대문 근처에 있다고 하니, 시간을 내어 그곳에도 방문하여 자세한 설명과 역사 자료들을 둘러보아야겠다. 가까운 곳에 보물이 묻혀있는데 찾지 않아서 보지 못하고, 가보지 않아서 알지 못하고 있는 것은 아닌지? 집에서 15분만 이동하면 찾아갈 수 있는 곳을 찾지 않고,

2) 검사를 보좌하는 일. 정6품, 행정고시 패스하여 사무관이 된 것과 같음

나의 발걸음은 어디로 향하곤 했었는지 생각해 본다. 무언가 많은 이야기들이 기다리고 있을 것 같다.

1896년에 이준 열사는 '조선독립협회' 평의장이 되어 맹렬한 활동을 벌인다. 반대파의 미움으로 신변의 위협을 느껴 장박長博과 함께 일본으로 망명을 한다. 일본의 와세다 대학 법과에 입학하여 법학을 졸업하고 2년 6개월 만에 귀국한다.

이준 열사가 일본에 망명해 있는 동안, 왜 법학을 공부했는지를 생각해 본다. 조선에도 경국대전이 있어서 이 법전에 의해서 나라를 다스렸다. 조선에도 의금부라는 사법기관도 있었다. 그러나 구한말에 들어서면서 탐관오리들의 전횡이 늘어갔고 법전대로 민권이 보호되지 않았음은 누구나 다 아는 사실이다. 특히 구한말에는 러시아 청나라 일본 미국 프랑스 등 제국주의 열강이 침략하여 조선을 놓고, 서로 차지하려는 아귀다툼 속에서 법은 힘을 잃어가고 제국주의 총칼의 지배가 득세하는 현실이었다. 아마도 이준 열사는 법관양성소에서 속성으로 6개월간 법을 공부한 법학도였으니, 어수선한 그 시절, 근대법에 의해 나라의 기강을 올바로 세우는 것이 시급하다고 절감했을 것 같다. 법률가의 소명이란 "법이 공정하고 정의롭게 적용되도록 노력하는 데 있다"는 것을 뼛속까지 통감했을 것 같다. 1898년에 와세다 대학 법과를 졸업하고 귀국하였으나, 그가 평리원 검사로 취임한 것은 1906년(48세) 때였다. 8년이란 긴 시간 동안, '조선독립협회' 에 재가담(1898년)했다가 1902년에는 이상설, 민영환 선생과

'개화당' 을 조직한다. 1904년에는 '대한보안회' 에 가담하고, '대한협동회', '적십자회', '공진회' 를 조직한다. 1906년에는 '만국청년회' ,'국민교육회' 를 만들고 보광 학교를 설립하여 교장이 된다. '법안연구회'. '헌정연구회' 를 만들고 1907년에는 '국채보상연합회' 회장에 취임한다. '한국혼 부활론' 을 저작하기도 한다. 이런 사실들은 이준 열사에 관한 책에서 얻을 수 있는 정보들이다.

평리원 검사가 되기 전 8년 세월 동안, 그가 벌였던 여러 가지 활동은 한마디로 "배일 운동"과 "민권회복" 이었다. 여러 단체를 결성하여 그가 펼치고자 했던 것은 한가지로 닿고 있다는 것을 우리는 읽어내야 한다. 지행일치라는 말이 있다. 정의正義, justice에 의한 법치法治의 실현을 위한 부단한 노력이었다는 것을 우리는 읽어내야 한다.

그러나 현실은 맑은 냇물과 같지 않아서, 그의 평리원 검사 8개월의 짧은 시간은 불의와 권세(친일세력)와의 싸움이 되어야 했다. 임관 초기에 다른 법관들이 손댈 엄두도 되지 못했던 권세가 풍양 조씨, 남양 홍씨 사이의 산송[3]을 엄정하고 공정하게 처리하여 고종의 신임을 얻게 된다.[4]

이런 일이 있었다는 것도 다 아는 사실일 것이다. 정3품이었던 이재규는 한홍석과 일본인 등과 속여 경기도 가평군에 전답의 문권을 위조하여 자기 소유로 만든다. 황족의 지위를 이용한 전횡임에 틀림

3) 산소에 대한 소송

4) 「그 멀고 외로운 여정」((사)일성이준열사기념사업회, 한비미디어出)

근대법학백주년기념관

이 없다. 한병교 등이 이재규를 고소했고, 이준은 황족을 두려워하지 않고 황족에게 10년을 구형했다. 법 조항대로 정당한 조치를 한 것일 것이다. 그러나 고종의 명으로 이재규는 유배형으로 사건은 마무리 되었다. 또한, 억울하게 감옥에 끌려 들어온 힘없는 백성들의 일을 조속히 처리하여 출옥하게 해주는 일이 많았다. 해서 그는 백성들로부터 호법신護法神이라는 칭송과 인정을 받게 되었다. 강직한 법률가의 기질로 굽힐 줄 모르는 검사로 각인된 것이다.

장충단 공원에서 이준 열사의 동상 주변을 산책하다 보니, 여름 날 벌레들이 팔을 물어뜯는다. 벌레들을 쫓아내며, 공기 좋은 공원에 앉아 있으려니 선들바람이 시원하게 분다. 답답한 속을 확 풀어주는 시원한 바람 한 줄기. 점점 어둠이 내린다. 이준 열사에게 거수경례를 올리고 그곳을 떠나오면서 며칠 전부터 읽었던 「황제의 특사 이준」(임무영 · 한영희 장편 소설, 문이당出)과 「이준 열사, 그 멀고 외로운 여정」((사)일성이준열사기념사업회, 한비미디어出)에서 읽었던 매우 놀라운 일화가 생각난다.

현직 검사가 법부와 평리원의 사법 관리들을 기소하고 탄핵한 일이다. 이것은 근대 사법 사상 최초의 일이었다. 초임 검사가 겁 없이 상관(법무 대신)을 상대로 고소장을 낸 것은 항명죄에 해당하는 것이었다. 그러나 이준 열사는 그런 것을 두려워하지 않은 모양이다. 순종의 재혼례가 있을 예정이었다. 해서 고종 황제는 특사로 풀려날 '은사대상자'를 이준에게 선정하도록 했다. 을사오적 암살을 기도했던 나인영과 오기호를 특사 명단 첫머리에 올렸으나, 나인영, 오기호를 법부에서 삭제하고 다른 이름을 은사대상자에 올려놓았다. 뇌물을 받고 법부 명단에서 삭제했다는 부정을 이준이 알게 된다. 정의와 의협심에 불타고 있던 이준 열사는 가만히 있지 못했다. 이준은 평리원 재판장 이윤용[5]과 법부대신 이하영, 법부 형사국장 김낙헌을 고소한다. 법부는 항명죄[6]를 물어 이준을 법정에 세웠으나, 3일 만에 석방된다. 석방 후, 법부 문서과장 이종협, 평리원 수반 검사 이건호를 피고로 평리원에 다시 고소한다. 하지만, '항명죄와 이종협의 공문을

5) 이완용의 배다른 형. 이완용과 함께 행각을 서슴지 않았으며, 이완용의 도움으로 평리원 재판장을 맡고 있었음. 모친이 기생 출신의 서출이었음

6) 하관이 상관을 고소한 죄

파괴한 것을 월권한 것' 으로 보아 이준을 재판하여 태형 100대의 형을 받았으나 고종은 이준이 면관되는 것을 막기 위해 태형 70대로 감하게 했다. 태형 70대에 해당하는 속(벌금)을 내고 풀려나온 후, 평리원 검사로 다시 출근하였으나, 평리원 재판장 이하 관리와 법관들을 모두 면직하고 벌줄 것을 참정대신 박제순에게 청원했으나, 법관의 체모를 손상시켰다는 이유로 면관되었다. 면직 후, 이준은 '대한자강회 평의원' 으로 활동하면서 국채보상운동에 참여하게 된다.

이준 열사는, 평리원에서 이윤용이나 이하영과 같은 친일파들이 법무 대신의 권세를 장악하고 있는 것을 잘 알고 있었다. 법 공부를 전혀 하지 않아 법에 대해 아는 것도 없이, 이완용이 손을 써서 그 자리에 앉아 벼슬하고 있는 것도 잘 알고 있었다. 그들이 뇌물을 받고 투옥된 자들의 형을 감해 주고, 사전자 명단을 마음대로 바꾼다는 것도 천하가 다 아는 일이었다. 이준은 그런 세태 속에서 올바른 법의 잣대와 법 조항 하나하나를 들이대어 불의를 응징하고 정의를 구현하고 싶었던 것이다. 면직될 것은 명약관화明若觀火한 일이었다. 이준이 재판받는 날 이준 측 방청객은 10명(대한자강회5명, 일진회5명, 국민교육회2명)만 허락했고, 경무청에서 119명(경무관1명, 순검 등 65명, 군관6명, 경부1명, 순사8명, 헌병장교1명, 헌병38명)이 포진했다. 불법적인 판결을 내린 뒤 일본이 무력으로 이준을 감옥에 처넣으려는 계략이었다. 이렇게 법조항과 법치는 일본의 무력 앞에서 힘없이 무너져야 했다. 그러나 백성들이나 고종 등, 천하는 알고 있었다.

이 재판의 부당함을. 그리고 이 일을 계기로 이준열사는 헤이그 밀사로 발탁된다. 의지가 강하고, 논리적인 사고와 언변으로 만국공법에서 대한제국의 억울함을 호소할 인물로 인정을 받은 것이다. 세계 모든 나라의 공정한 법이어야 할, 그렇게 믿고 만국공법에 호소하려는 이준의 법관으로서의 의지는 헤이그에서 받아들여지지 않았다. 만국공법에서도 이준의 법 사랑과 법 의지는 외면되었다. 세계만국 평화회의장에 나약한 약소국의 하소연에 불과했다. 세계 언론들이 그들의 하소연에 동정하며, 매일 각국 신문에 보도했으나 대세를 뒤집지는 못했다. 1907년 헤이그 특사 파견은 그렇게 실패로 돌아갔고 죽음으로 불의에 항거한, 이미 유명을 달리한 이준 열사에게 일본은 궐석재판을 통해서 무기형을 선고했다. 세상을 떠난 사람에게 판결을 내리는 게 일본의 재판이었다.

법 앞에 만인이 평등하다고 했다. 법의 정신이란 무엇일까? 만민의 인권을 보호하여 누구도 억울한 이가 없도록, 인간의 존엄성을 지켜주는 것이 곧 법 정신이 아닐까? 상식적으로 생각해도 법은 인간의 권리를 보호하기 위한 것이 아닐까? 그 당시 일본의 법은 일본의 유익을 위해서 존재하는 것이었다. 만국공법이라는 것도 제국주의 강대국들의 유익을 뒷받침해주는 지렛대였음이다.

장충공원에 여름의 녹음이 짙다. 이준 열사가 할복자살한 지도 113년이 지났다. 그의 의기충천한 분노와 저항. 정의에 대한 갈증이 청록의 나뭇잎들에 배어있을 것 같다. 나무뿌리가 뿌리로 연결되어 이 땅에 모두 청록으로 전해졌으면 좋겠다. 우리나라 최초의 검사였던 이준 열사의 분노와 정의감은 변하지 않는 상록수처럼 푸를 것이다.

(2020.8.8.)

서울대 법대 앞 이준열사 동상

"특사님의 국적은 Korean입니다"

"들리시나요? 이위종 특사님,
당신은 한국인이십니다.

역사 속의 토네이도 속으로 4부

이위종, 역사의 토네이도 속으로

이위종

이별은 사람을 변하게 하는가 보다. 이위종은 이준 열사와 헤이그에서 이별했다. 이준의 자결로 그들은 말 한마디 섞지 못하는 사이가 되었다. 우주의 다른 한 곳으로 가버린 이준 열사. 이준의 순국 여파가 너무 커서 살아남은 이상설과 이위종은 상대적으로 이준에게 가려진 희미한 별이 되어버린 것은 아닌지? 그나마 이상설 선생은 진천에 생가와 기념관이 있고, 우수리스크 수이푼 강변에 유허비도 남아 있다.

그런데 이위종은 옷자락 하나 찾을 수 없는, 보이지 않는 세계로 사라졌다. 그의 최후를 실종. 행방불명이라고 역사는 마무리하고 있다. 그를 연구하는 이들이 그의 흔적을 찾아 무던히 애를 썼으나, 찾을 수 있는 게 거의 없었다. 몇 년 전에 하바롭스크에 있는 러시아 외무성 문서보관소 창고, 한 낡은 서류철에서 이력서가 한 통 발견되었다. 이력서 첫 페이지에 "공산당 블라디미르 세르게예비치 리의 이력서"라고 적혀 있었다.[1]

이것이 최근에 발견된 이위종에 대한 단서인 것 같다. '블라디미르 세르게이 비치 리'라는 이름은 이위종이 그리스정교회에서 세례를 받은 세례명이었다. 아버지 이범진을 따라 세계 여러 나라를 떠돌아다녔지만, 어린 이위종에게 박혀있는 세계관은 유학(儒學)이었을 텐데, 이위종은 그리스정교로 개종을 한다(1905년 11월 11일). 그 종교에 심취해서가 아니었다. 자신을 사로잡은 여인, 사랑스러운 엘리자베타와 결혼하기 위해서였다. 엘리자베타는 러시아의 귀족 놀켄 남작의 영애였기에, 그녀와 결혼하려면 그녀 나라의 결혼법에 따라 개종을 해야 했기 때문이다. 해서 얻어진 이름 '블라디미르 세르게이 비치 리'. 그 이름은 이위종을 러시아인이 되게 한 이름이기도 하다.

이위종은 헤이그에서 이준과 이별했다. 다시 이상설과도 이별하여 이상설은 미국으로, 이위종은 페테르부르크로 돌아오면서 두 사람도 결별했다. 그 후 1911년 1월 26일, 부친 이범진과 이별하게 된다.

1910년 8월 20일에 국권 침탈이 되자, 이범진은 괴로운 나날을 보

1) [시베리아의 별, 이위종](이승우, 김영사) 10쪽

내다가 고종, 니콜라이 2세, 큰아들(이기종)에게 유서를 남기고 자결한다. 군왕에게만 전력해 왔던 이범진의 군왕 주의는 그렇게 마침표를 찍었다. 1904년 러일전쟁이 발발하자, 러시아 주재 공사관들은 업무를 중단하고 모두 본국으로 돌아갔다. 그러나 이범진은 철수하지 않고 홀로 남아서 활동을 이어간 외교관이었다. 1905년 외교권을 일본에 빼앗겼을 때부터 이범진은 설 곳이 없었다. 공사관을 철수하고 본국으로 귀환하라는 명령이 있었지만, 이범진은 귀국이 두려웠다. 일본이 득세하고 있는 대한제국으로 돌아가 봐야 자신의 안전은 독안에 든 생쥐가 될 것이었음이다. 공사관 문을 닫고 이후 1년간은 본국을 방문하려는 러시아인들에게 입국 비자를 발급해주면서 수수료로 연명을 했다. 1905년 이후 일본이 러시아 정부에 항의하여 이마저 중단할 수밖에 없었다. 체르노레첸스카야 거리에 허름한 별장에서 본국으로 돌아갈 수 없는 망명 외교관 신분이 되었다. 러시아 외무부의 배려로 매달 100루블 연금으로 어렵게 살았다.

한동안 이범진은, 공사관 보증금, 옷가지와 가재도구 등 돈이 될 만한 것들을 내다 팔면서 러시아에서의 삶, 아니 이승에서의 삶을 정리했다. 결국, 1911년 1월 26일에 목을 맨 후 권총 자살을 한다. 국권 침탈에 대한 강한 항거의 표시였다. 일본에 합병된 조국으로 돌아가느니 차라리 자결을 선택하겠다는 도전이었다. 이것은 일본에게 큰 불쾌감과 모욕이 되었다. 국권 침탈을 인정할 수 없다는 단호한 항거의 표시였으니 말이다. 인간이 자신의 목숨을 내놓는 것 외에 더 강하게 항거할 수 있는 무기는 없기 때문이다. 이렇게 해서 이위종은 부친 이범진과도 이별했다.

문제는 여기서 끝이 아니었다. 이범진은 모아놓은 1만 2,000루블을 모두 대한인민회, 연해주 한인 단체, 한인 학교, 항일독립운동가 유가족에게 나눠주라고 유언장을 이위종에게 남긴다. 아들 이위종과 며느리 엘리자베타와 손녀들에게 1루블도 남겨주지 않았다. 이 일이 계기가 되어, 엘리자베타와 이위종은 갈등과 불화의 골이 깊어갔다.

이위종 또한 부친 이범진의 자결로 인해 공황이 왔을 것이다. 두 사람은 다른 부자父子들처럼 평범한 아버지와 아들의 관계가 아니었다. 이범진의 서툰 외국어를 이위종이 커버해주며 이범진과 이위종은 대한제국의 공사관의 참사관으로서, 외교관 일을 함께하는 콤비였다. 이위종은 이범진의 손과 발, 혀의 역할을 하여 러시아와 각국 주재 외교관들과의 관련 업무를 효과적으로 수행했다. 두 부자는 한곳을 함께 바라보고 있었다. 대한제국의 입지를 굳건히 하는 외교로써 구국운동을 했다. 그런 부친이 떠났다. 이위종은 이제 기댈 곳도 의지할 곳도 의논할 곳도 없이 광활한 러시아 땅에 혼자 남겨졌다. 아버지 이범진 덕분에 화려한 귀족으로 살던 생활도 이제 막을 내렸다. 혼자 남겨진 이의 절망과 고독을 엘리자베타는 위로하지도 감싸주지도 못했다. 조선의 미래에는 관심이 없는, 그저 외국 여자였다.

가정을 위해 닭을 키워 내다 파는 양계장 일도, 역무원 일도 해보았지만, 이위종이 감당할 일들이 아니었다. 결국, 아내 엘리자베타는

부친 이범종과 이위종

시베리아의 별 이위종

이혼 청원서를 내고 딸 셋을 데리고 이위종을 떠나갔다. 이위종이 러시아 귀족으로서 받는 연금 50루블도 양육비로 쓰겠다고 그것마저 엘리자베타는 이위종에게서 채어갔다.

이 부분을 [시베리아의 별, 이위종](이승우, 김영사)에서 읽으면서 나는 씁쓸한 마음이 들었다. 그리고 이준 열사의 아내 이일정 여사가 떠오른다. 이일정은 종로구 누상동 집을 팔아서 종로구 안국동에 부인상점을 낸다. 머리빗, 실, 바늘, 등 세간살이를 팔아서 나오는 이익금으로 이준을 돕는다. 이준은 이일정이 안살림을 잘 챙겼기에 마음 놓고 대일구국 운동에 전념할 수 있었다. 〈조선독립협회〉, 〈개화당〉, 〈대한보안회〉, 〈대한협동회〉, 〈적십자회〉, 〈공진회〉, 〈만국청년회〉, 〈국민교육회〉, 〈법안연구회〉, 〈헌정연구회〉, 〈국채보상연합회〉 등을 결성하여 구국에만 전념할 수 있도록 내조를 해준 이가 이일정 여사다. 그런 이일정을 이준은 동지로 여겼다. [대륙의 영웅 최재형]이라는 책에서 읽은 바에 의하면, 최재형도 상당한 연하의 아내 엘리나(조선인, 러시아 망명)와 구국 운동의 방향과 방도를 늘 의논하는 동지였다는 구절을 읽은 기억이 있다. 엘리자베타는 러시아 여인이었으니, 이위종의 고뇌를 이해할 용량이 되지 못했을지도 모른다. 이위종이 화려한 귀족이었을 때만 이위종을 사랑한 러시아 여인 엘리자베타는 러시아 혁명 이후에 귀족 신분으로 인해, 소비에트 정부에 의해 혹독한 차별을 당하며 어려운 생활을 했다. 후에 러시아인 남편 로파힌과 결혼하여 1남 1녀를 두었으나, 1943년 독소전쟁 때 레닌그라드의 허름한 아파트에서 사망한 지 수개월 만에 백골이 되어 발견되었다. 900일 동안 독일군에게 봉쇄되었기 때문이었다.[2)]

끝까지 이위종 곁에서 이위종을 돌봐주고 뜻을 함께할 수 없었던 여인, 엘리자베타. 화려한 귀족 여인은 화려할 때만 이위종의 아내였다. 그런 아내를 위해 이위종은 '블라디미르 세르게이 비치 리' 라는 이름으로 러시아정교회로 개종까지 했었다. 그녀가 위독하다는 전보를 받고, 1907년 7월에는 헤이그 특사 동지 이상설과 이준을 헤이그에 남겨둔 채, 상트페테르부르크로 돌아갔던 이위종이었다. 마음을 다 주었어도 떠나간 여인 엘리자베타. 이위종과 세계관이 달랐을 것이고, 그녀는 이위종의 조국 현실 따위에는 관심도 없었을 것이다. 이위종과 함께 고민하며 함께 방도를 찾는 동지와 동반자가 되길 기대하는 건 우매한 일이었을지도 모른다.

그런데 110여 년이 지난 오늘, 우리 정부는 이위종의 혈족을 찾아내었다. 3대까지 연금을 지급한다는 국가보훈처의 서훈 정책에 따른

---

2) [시베리아의 별, 이위종](이승우, 김영사) 330쪽

이위종의 후손들 (사진출처: zum)

것이었나 보다. 건국훈장 대통령장에 추서된 이위종의 후손은 대한민국 국적과 함께 연금이 지급되었을 것이다. 한국인의 모습을 거의 찾아볼 수 없는 사진 속에 후손들을 보면서 이위종이 사랑했던 여인의 유전자를 생각했다.

다시, 이위종에게 거듭되는 이별 이야기로 돌아가 보자. 이위종에겐 이제 남은 사람이 아무도 없다. 아버지도 아내도 딸들도 모두 이위종을 떠났다. 고립무원(孤立無援)이다. 이런 상황에서 이위종은 무엇을 할 수 있을까?

이위종이 부친 별세 후에 조국을 위해서 자신이 할 수 있는 방도를 세운다. 조국 독립의 유일한 희망은 러시아 황실을 움직이는 일이라고 결단하게 된다. 이위종에게 남은 것은 이제 조국밖에 없었다. 해서 이위종은 제정러시아의 장교가 되기로 하고 블라디미르 사관학교에 입학한다. 이위종이 31세였다. 프랑스에서 생시르 사관학교를 이미 다녔

이범진 공사 묘역 (사진출처: zum)

던 터라 100일간 단기 장교 교육 후, 제정러시아 장교로 임관된다(1916.5.1.). 황실 근위대 장교가 되어, 니콜라이 2세를 가까이에서 알현하려 했으나 그는 뜻밖에도 동부전선에 배치되어 독일군과 싸워야 했다. 운명의 신은 이위종을 제1차 세계대전으로 내몰았다. 이는 일본이 러시아 정부에 압력을 넣어 이위종의 추방을 끊임없이 요구했기 때문일 수도 있다. 헤이그 특사로 파견되어 눈부신 활약을 한 것을 일본이 망각할 리 없었다. 또한, 1909년 10월 26일, 안중근의 하얼빈 의거로 인해, 이위종은 러시아 당국의 조사를 받은 적이 있었다. 헤이그 특사에서 돌아온 1908년 3월에 이위종은 블라디보스토크를 방문한 적이 있었다. 장인인 놀켄 남작과 동행했다. 아버지 이범진이 구국운동 자금 1만 루블과 함께 그곳으로 보낸다. 최재형의 집에서 이범윤, 안중근, 엄인섭을 만나게 된다. 그때 이위종이 벨기에제 브라우닝 8발 권총 한 자루를 안중근에게 전해주었다는 말이 있다. 후에 하얼빈 의거 때 이토 히로부미를 살상하게 했던 총이라고 한다. 이렇게 이위종과 안중근의 끈끈한 연관성을 이야기하기도 한다. 그러나 안중근에게 총을 구해준 이는 최재형이었다고 주장하는 설도 있으니 어떤 말이 맞는지는 알 수 없는 일이다. 총은 안중근이 직접 구한 게 아니었고, 이위종이든 최재형이든 동지가 구해준 것은 틀림없는 사실이다. 안중근 의사가 뤼순 감옥에서 순국하면서도 최재형이나 이위종의 이름을 언급하지 않았고, 그들은 무사했다는 게 중요한 일일 것이다.

다시 이위종의 동부전선 이야기로 돌아가 보자. 독일군에 체포된

위종은 6개월 동안 발트해에 멀지 않은 서드비나강 근처 포로수용소에 수감 된다. 집단탈출에 성공하여 다시 러시아 정규군에 복귀되어 동부전선 최전방 참호에 투입되었다.

그러나 페트로그라드에서 일어난 식량 폭동으로 경찰과 군대가 폭도와 뜻을 같이하면서 혁명으로 탈바꿈하는 것을 목격하게 된다. 이것이 계기가 되어 볼셰비키 붉은 군대의 장교가 되어 총부리를 정부군에 돌리게 되었다. 다 아는 것처럼, 차르가 양성한 제정러시아 장교들은 민중에게서 멀어진 차르 황실에 미련을 버리고 혁명군에 가담한다. 이위종도 그중에 한 사람이었으리라. 1905년 1월, 평화적으로 시위하던 10만 명의 노동자들을 총칼로 진압했던 피의 일요일, 1917년 2월 혁명과 7월 혁명을 목격했던 기억의 경험 인자들이 위종의 총부리를 돌리게 했는지도 모른다. 평화로운 시위대 10만 명 시민에게 정부군이 총을 쏘았고, 하얀 눈밭에 시민의 피가 홍건하게 물들었던 피의 일요일. 어쩌면, 고종에게 헤이그 만국평화회의에 초청장을 보냈던 니콜라이 2세가 회의 개최 때에는 대한제국을 외면했던 일이나, 자신을 떠나버린 아내의 나라 러시아에 대한 반발인지…. 이위종의 그 당시 심정을 생각해 본다. 사회진화론에 따라 열강들이 제국주의 침략으로 약소국을 식민지로 삼는 것을 목격하고 통탄해왔던 이위종이었다. 이위종이 생각하는 사회 진화 다음 단계는 볼셰비키 혁명의 성공만이 조선 독립의 첩경이 될 것을 믿었던 것 같다.

1918년 4월, 일본은 7만 5천 명 대병력을 시베리아에 진주시킨다.

러시아 내전 간섭군이다. 일본 간섭군에게 총부리를 겨누고 그들에게 대항할 수 있는 방법의 일환으로 이위종은 볼셰비키 혁명군(적군)이 사령관이 되었다는 기록을 읽은 적이 있다. 사관학교를 두 군데나 졸업했고 동부전선에서 다져진 실력으로 이위종이 지휘하던 부대는 연전연승을 거두었다는 것도…. 그 당시 러시아에 거주하는 대부분 고려인은 사회주의 혁명운동을 주창했다. 이승만이 외교독립론을, 윤치호가 실력양성론을, 무력 투쟁을 주장했던 고려인 중심의 연해주 세력이 독립전쟁론을 주장했었다. 독립운동의 3가지 방략 중에서 이위종은 무력 투쟁을 선택한다. 그가 프랑스 생시르 무관학교와 제정러시아 블라디미르 사관학교에서 군사학을 배우고 장교 훈련을 받았으니 그의 선택은 당연하였을지도 모른다. 이경하가 경찰과 군사와 치안을 담당하는 병조판서, 한성부판윤, 포도대장, 훈련대장 등을 맡았던 무관이었다는 것을 앞글에서 언급한 바 있다. 무관이었던 조부의 핏줄을 받아서인지 이위종은 군인 장교로서의 정체성을 공고히 한 것 같다.

한편, 신한촌을 중심으로 이상설, 최재형, 이범윤, 안중근, 이동휘가 모여 대일 구국운동을 펼치곤 했었다. 이들이 이곳에 학교, 교회, 신문사 등을 두고 항일투쟁의 본거지로 삼게 되자 하바롭스크, 블라디보스토크, 우수리스크, 포시예트를 공격하고 신한촌을 불태우는 일이 있었다. 2500여 명의 고려인이 살상되었다. 1920년 4월의 일이었고 이 4월 참변에서 최재형도 일본군에 의해 희생되었다. 이 일로 신한촌은 괴멸되었다. 이후에 고려인들이 일본군에게 갖게 된 적개심은 말로 표현할 필요가 없을 듯하다. 연해주 지역, 우랄 이서(以西) 지역 고려인들은 붉은 군대를 지원하기도 했다. 다시 말하면, 연해주 지방의 대일운동은 무력 투쟁에 의한 것이 대세였다고 해도 과언이 아닐 것 같다.

엄밀히 말하면, 이위종은 사회주의 공산당이 되었다는 비난을 받기도 했고, 초기 독립 운동사가獨立 運動史家들에게 저평가되기도 했다. 그러나 근본적인 것을 생각해 보면, 공산주의와 민주주의 이념이 대두되기 전에 우리 민족의 적은 오직 하나 일본이었다. 일본이라는 제국주의 침략에서 우리 민족을 지켜내야 하는 당위성 앞에 그들은 오직 한 가지 생각이었을 것 같다.

헤이그 특사 3명 중 조명을 받지 못하고 소외되어 있던 이위종 특사를 생각해 본다. 그가 볼셰비키 혁명당 사령관으로 적군赤軍 쪽으로 기울었다는 이유로 그가 주목받지 못했다고 해도, 그의 의도는 일본 간섭군과의 항쟁을 위한 것이었다는 동기를 본다면 항일 독립운동사에서는 이위종의 공로를 인정해주어야 한다는 생각이다. 해서 그에게 건국훈장 대통령장이 추서되고, 그의 후손들을 찾아내어 국적과 연금이 지급되었을 것이다. 민주주의와 사회주의의 이념은 독립 이후의 문제였다. 일본으로부터 나라를 되찾고 나서의 문제였다. 언제 어디로 연기처럼 사라졌는지 그 행방조차 알 수 없는, 이위종 특사에 대한 글을 어렵게 쓰고 있다. 그에 대한 유적지가 전혀 없어서 유적지를 둘러보지도 못했다. 그에 대해서 알 방법은 [시베리아의 별, 이위종](이승우, 김영사) 책 한 권이 전부였다. 이 책을 읽고 이위종 특사에 대해 글을 쓰는 것이, 편안하지만은 않다. 이 글은 다분히 이 책을 읽은 감상과 검색을 통한 공부가 전부였다는 것을 밝혀둔다. 연해주, 상트페테르부르크, 시베리아 지방을 여행하며 아무리 헤매고 다녀도 그의 옷자락 하나 만날 수 없다는 걸 안다. 남겨진 게 거의 없는 이위종 특사. 그의 발자취는 헤이그 만국평화회의 때 그가 남긴 연설문과 인터뷰 기사가 전부다. 하바롭스크 러시아 외무성 문서보관소에서 발견된 이력서 한 통이 전부다.

바람처럼 시베리아 벌판 어딘가로 사라져간 이위종 특사. 그의 마지막 행보의 이념이 무엇이었든 간에 그는 대한제국의 독립을 위해서 싸운 독립 운동가였다. 이념을 넘어서서 원론, 물줄기의 원천을 보면, 그의 진정성은 나라 사랑이었다. 이념과 이념을 초월한 지평 너머의 세상-자유, 평등, 박애, 인권, 정의….

이런 멋진 세상을 이위종 특사는 꿈꾸지 않았을까? 우물 안 개구리가 아니었던 세계화한 왕족 이위종. 미국, 프랑스, 영국, 독일, 런던, 러시아 등을 두루 다녔고 7개국어를 구사할 줄 알았던 언어의 천재. 영어, 러시아어, 프랑스어에 특히 능통했던 구한말 대한제국의 유능한 재원 이위종 특사. 그가 결국, 꿈꾸었던 것은 국권을 회복한 나라에 돌아오는 것이 아니었을까? 궐석재판으로 일본에 의해서 귀환이 금지된, 잃어버린 조국. 그 나라를 되찾는 것이었으리라. 우리는 그의 후손들에게 한국인의 국적을 주었다. 이는 매우 상징적인 의미가 될 것이다. 만약, 이위종의 영혼이 아직도 시베리아 벌판에서 바람처럼 떠돌고 있다면, 그분에게 말하고 싶다.

"특사님의 국적은 Korean입니다." 라고.

"들리시나요? 이위종 특사님, 당신은 한국인이십니다."

(2020. 9.30.)

*참고문헌:

「시베리아의 별, 이위종」(이승우著, 김영사出)

신한촌과 까레이스키들

신한촌 기념비

블라디보스토크 여행 셋째 날 이른 아침. 블라디보스토크 시내 아지무트 호텔에서 10분 거리에 있는 한 곳을 찾아갔다. 이곳에 왔으면 꼭 보아야 한다는 곳이다.

아침 햇살 속에 하얀 사각기둥 비석 3개가 하늘 높이 서 있다. 높이가 서로 다 다르다. 왼쪽에 있는 것은 두 번째로 높았다. 북한을 상징한다고 했다. 가운데 가장 높은 비석은 남한을 상징한다고 했다. 오른쪽에 가장 낮은 크기의 비석이 고려인들을 상징하기 위해 세워진 조형물이라 했다. 신한촌新韓村-고려인들이 개척리(카레이 스카야슬

라브보드카-한인촌)에서 쫓겨 강제로 한 곳에 모여 살게 된 곳이다. 전염병 페스트를 이유로 개척리를 철거하고 러시아 정부가 힘없는 고려인들을 이곳에 모여 살게 했다. 구개척리에서 2km 떨어진 서북쪽 외곽, 산비탈 높고 건조하며 아무르만을 굽어보는 경치 좋은 곳이었으나, 자갈과 잡초가 무성한 버려진 땅이었다. 이곳에서도 고려인들은 새로운 한국을 부흥시킨다는 꿈을 갖고 다시 굴욕과 절망을 딛고 일어섰다.

아침 공기가 나뭇잎 사이에 조용히 내리고 있다. 아침은 언제나 시작을 안고 있다. 희망을 잉태하고 있는 듯한 아침 공기가 맑게 우리를 감싸온다. 그곳을 지키는 고려인 3세가 컨테이너에서 수줍은 얼굴로 가벼운 눈인사를 한다. 말이 통하지 않으나, 피가 통하는 한국인들의 방문이 즐거운 듯. 그저 쑥스럽다는 표정이다. 몇몇 시인들이 컨테이너에 들어가서 '고려인 돕기 후원금'을 내고 오는 모습도 보인다. 엊저녁 블라디보스토크 해변에서 아이스크림을 사 먹으려고 루블을 꺼냈다가 다시 집어넣었던 金 시인의 모습도 보인다. 정겨운 모습이다.

여기 신한촌의 비석 3개는 1999년 8월 15일-광복절을 맞아 (사)해외 한인 민족연구소에서 세웠다. 1937년 스탈린의 고려인 강제이주정책으로 고려인들이 이곳을 떠난 후, 폐허가 되었던 척박한 땅이었다. 일본인과 모습이 비슷하여 일본 첩자-스파이 노릇을 할 것이 염려되어 단행했다는 강제 이주정책. 신한촌에서 그리 멀지 않은 블라디보스토크 역에서 화물칸에 태워져서 35일을 시베리아를 횡단했다던 고려인들. 그들은 바이칼 호수로 유명한 이루크츠크와 하바롭스크 주변인 우즈베키스탄, 카자흐스탄에 짐짝처럼 내려졌다. 갈대와 자갈만 보이던 황무지. 그곳에 버려지기 전에 노약한 노인들이나 어린애들은 기차에서 추위와 굶주림, 병균으로 죽어 나갔고 살아남은 자들은 무쇠처럼 황무지를 일구어 그곳을 옥토로 만들었다. 어차피 버려지다시피 한 불모지를 고려인들이 일궈서 옥토로 만들어 준 것은 고마운 일이었으나, 러시아 정부에서 볼 때는 키 작고 구릿빛 얼굴을 한 고려인들이 곱지만은 않았다. 구소련에서 독립된 중앙아시아 국가들의 민족주의 정책으로 또 다시 삶의 터전을 잃게 되었고 고려인들은 뿔뿔이 흩어지거나 다시 연해주로 돌아오기도 했다.

신한촌의 촉촉한 아침 공기. 아침 공기가 나뭇잎 사이를 비집고 시인들의 얼굴을 간질인다. 가이드가 뭔가 열심히 설명하지만, 설명보다는 보슬비 속에서도 사진 찍기에 여념이 없다. 이곳 신한촌에서 모였던 고려인들이 1900년에는 1500명 정도였으나, 1915년 무렵에는 1만 명 정도나 되었었고, 극장을 만들어 문화생활을 즐길 만큼 번성했었다는 설명은 우리를 놀라게 했다. 그리고 신한촌에 모여 사는 고려인들의 기지가 충천하여, 서북간도 연해주 한인 사회는 번영했었다.

그러나 가이드는 그런 한인 사회의 지도자 역할을 했던 최재형 선생이나 최봉준, 문창범, 김학만 등에 관한 설명은 하지 않았다. 작년에 [대륙의 영웅 최재형] 562쪽을 모두 읽었던 탓에, 신한촌 비석을 올려다보는 나의 감회는 달랐다.

러시아말에 서투른 고려인들이 러시아 도로 공사에 동원되었다가, 일만 해주고 임금도 제대로 받지 못 하는 일이 있었다. 임금을 받지 못한 고려인들이 파업하여 공사가 중단되는 일도 있었다. 이 사실을 알게 된 최재형 선생은 공사 책임자를 찾아가 유창한 러시아말로 고려인들의 노동권을 찾아주었고, 밀린 임금도 모두 받아내 주었다. 이 일로 최재형 선생은 고려인들에게 영웅이 되었고, 그들의 아버지 역할을 하게 되었다. 해서 고려인들은 집집마다 최재형 선생의 사진을 걸어놓기까지 했으며, 최재형은 고려인 마을의 노야(촌장)가 되었다. 종당엔 안치혜 남도수의 도헌(군수)이 될 정도로 고려인들의 신망을 얻게 된다. 중단되었던 도로 공사를 다시 시작하여 고려인들의 노동력으로 러시아의 자갈밭에 도로가 건설되는 기적이 일어나기도 했다. 이 일로 최재형 선생은 러시아 정부로부터 '공로 훈장'을 받기도 했다. 함경도 경원의 노비의 아들, 최재형이 이룬 일이다. 러시아에 도로 2개를 놓아주는 공사 감독원-고려인 대표, 최재형.

안중근 의사가 하얼빈역에서 이토 히로를 저격한 후, 일본은 더욱 긴장했고 연해주에 거주하는 고려인들에 대한 감시와 탄압도 강해졌다. 연해주는 러시아 영토였기에 드러내놓고 한인들을 탄압하거나 감시할 수 없는 어려움도 있었다. 거꾸로 말하면, 한인들에겐 국경 근처의 러시아 땅 연해주가 독립운동을 하기엔 안성맞춤인 곳이라는 결론이다. 안중근 의사의 의거 이후, 최재형 선생은 대동 공보를 폐간해야 했다. 대신 고려인들에게 일자리를 알선해준다는 명목의 '권업회勸業會' 를 만든다. 그 기간지로 '권업 신문' 을 만든다. 그러나 권업회도 권업 신문도 모두 연해주에 모여든 독립운동가들의 독립 활동을 돕는 중심역할을 해 왔고, 그 일의 중심엔 최재형 선생이 있었다. 그것을 눈치채고 있는 일본이었으나, 러시아 국적을 이미 갖고 있는 최 재형-러시아어에 능숙한 재벌 최재형에게 일본은 손을 댈 수 없었다. 최재형 선생은 기량껏 독립운동을 후원하고 독립운동에 힘을 쏟고 쏟으며, 모자랄세라 정성을 쏟아부었다.

우리가 신한촌에 세워진 비석 앞에서 머문 시간은 30분 정도도 되지 않는 것 같다. 급히 러시아정교회로 여정을 옮겨가야 했다.

그러나 아는 사람은 안다. 그 전날 방문했던 우수리스크 '고려인 문화센터' 에서 말하고 싶어하는 것이 무엇이었는지를. 고려인들, 까레이스키들의 애환이 무엇인지를. 그들은 일제 강점기 때, 연해주 혹한의 땅으로 자유를 찾아간다. 특히 노비와 같은 하층민들에게 신분차별이 없는 러시아 땅은 아름답기만 하다. 노비의 신분을 벗어나, 고국에서 하는 일만큼만 하면, 보리밥이라도 꾹꾹 눌러 담아 고향 땅 이팝나무처럼 흰 쌀밥을 배불리 먹을 수 있으니 그 아니 좋은 일인가? 1910년 국권 침탈이 된 후에는 한국의 국적을 버리고, 서슴없이 러시아 국적을 갖는 것도 선택의 여지가 없는 현명한 선택 같아 보였다. 그러나 그들에겐 이방인이라는 차별과 무시, 냉대와 혹한. 강제

이주. 버려짐과 막막함과 같은 아픔이 기다리고 있었다. 무엇보다도 고향에 대한 그리움은 해결할 수 없는 절망보다 더 아픈 고통이 되었을 것이다. 혈통이 한국인인 까레이스키들. 그들은 돌아오고 싶어도 고국에 돌아오질 못하고 있다. 까레이스키 3세들에게까지는 방문 취업 비자가 허락되지만, 4세들에겐 방문 비자만 허락된다. 해서 그들은 취업을 할 수 없고 3개월에 한 번씩 그들의 고향인 카자흐스탄이나 우즈베키스탄 등 연해주를 다녀와야 한다. 사실 우리나라 전라남도 광주 월곡동에는 까레이스키들이 4만 명 정도 모여 살고 있다. 구한말, 블라디보스토크에 있었던 신한촌과 같은 모습일지도 모른다. 구한말, 블라디보스토크에서는 그들의 권익을 보호해주는 그들의 대부 최재형 선생이 있었다. 그들에게 일자리를 주고, 자식처럼 돌봐주었던 고려인들의 아버지 최재형 선생이 계셨다. 그곳은 이범윤, 홍범도, 이동녕, 유인석, 이진룡, 이상설, 이 강, 박은식 신채호 같은 독립운동가들이 찾아들었던 독립운동의 요람이 되었던 곳이다. 그러나 오늘날 광주 신한촌은 고려인들의 일자리와 비자 문제, 국적 문제와 신분 문제 등의 난제를 안고 있다.

"그들도 우리의 동포다"

그들이 이방인으로 살아야 하는 고달픔과 절망은 캄캄할 것 같다. 삼팔선의 정치 분계선을 허물고 남북이 통일하는 것 보다, 더 우선해야 하는 게 고려인들을 한 동포로 끌어안고 그들의 국적 회복을 도와야 하지 않을까 생각해 본다. 한국인으로 국적을 회복하길 원하는 이들에겐 그렇게 해야 할 것 같다.

고려인들에 대한 포용. 뜨거운 포옹이 하루빨리 이뤄지길 기원하는 마음 간절하다.

레닌에게 표창까지 받았던 홍범도 장군(독립 운동가). 그도 강제로 이주당해 카자흐스탄 작은 극장에서 청소부 일을 하다가 죽은 까레이스키였다. '건국훈장 대통령장' 서훈을 받은 그의 국적을 "한국"으로 고쳐주어야 한다.

우수리스크 '고려문화센터' 에서 들었던 "아리랑 아리랑 아라리요~~~" 노래 가사가 아직도 귓전을 맴도는 것 같다.

(2017. 10. 10.)

연해주 땅에서

姜笑耳

아득한 수평선을 출렁이던 노을을 붙잡다가
노란 불덩어리 하나
쿵
홍시 빛 하늘을 '그'라 부르다가
연해주 땅, 연해주 교회에서 고요히 타는 촛불에
'그'를 위한 기도를 바치다가

아득히 멀어져 가는 '그'를 바라보며
북에서 남으로, 남에서 북으로 뿌리를 그리워하던
새들의 날갯짓을 얼얼해하다가 얼얼해하다가

아무르강

姜笑耳

1.

먼지도 황홀하도록 아름다울 수 있다
노을에 물든 나무 한 귀퉁이
볼셰비키 혁명도 모르는 아무르강
어디를 보아도 푸른 이미지 흐르는 물줄기
세상에 먼지들이 북으로 북으로 흘러와
아무르강 노을이 되었다지
언어의 끝이 보이지 않는 자작나무 숲에서
한 귀퉁이 시어를 물고 날아가는 파랑새

2.

아무르강이 얼어붙는 것을 보았다
시도 세계를 얼게 한다
함박눈처럼
군살 뺀 앙상한 겨울 나무여도 좋다
시베리아 고원 하늘땅 시의 발자국 찍힐 뿐이다
언 땅에 핀 달맞이꽃처럼

동토의 아침

姜笑耳

노을빛 더운 피는
호랑이의 입아귀만큼 목멘 배고픔이었다
먹이 찾아 떠났던 설한의 연해주
지구의 종점까지 맨발로 맞바람을 맞으며
북으로 북으로 걸었다

노비의 이름을 지우고
꾹꾹 눌러 담은 보리밥이라도
고향 땅 이팝나무 하얀 꽃잎처럼
흰쌀밥 배불리 먹자고
곡괭이를 잡던
구릿빛 팔뚝의 슬픈 숟가락질
배고픔 삭은 아무르 강가에 묻히던 날
시베리아 흰 두루미
꺼억꺼억 겨울 하늘을 날았을 것이다

달맞이꽃, 꽃잎을 설원雪原에서 보고 싶다

姜笑耳

오세암 극락전 마루에 머리 조아리며
108배 올리는 이들의 이마엔
바다 꽃송이 피어난다
물방울 꽃들은 수평의 바다를 역류해서
극동의 땅, 연해주로 흐른다
너를 떠나고, 나를 떠나고, 오늘도 떠나고, 내일도 떠나
우리가 한 바다에서 만나고 싶던 곳
동방의 불꽃처럼 하얗게 타오르는
달맞이꽃 꽃잎을 동토凍土의 땅,
블라디보스토크 설원雪原에서 보고 싶다

바람의 꼬리에도 할 말은 남아 있다

—우수리스크 수하노바 최재형 선생의 고택을 보고

"바람의 꼬리에도 할 말은 남아 있다"라는 시 구절이 생각나는 시간이다.

시베리아, 아니 연해주 대륙에 바람으로 남아 대륙에 휘돌아다니고 있을 한 사람이 또 생각나는 날이다. 지난 9월 12일에 니콜스키 우수리스크에 있는 그의 집을 보고 왔다. 이미 그에 대한 기행 수필을 한 편 마무리했으나, 풀어내야 할 이야기가 너무 많다.

그의 집 앞에서 15분 정도 머물었던 것 같다. 그에 대해 알고 싶어서 1년을 넘게 공부하고 사색하고 준비하고 벼르고 별러서 찾아갔던 여행길이었다. 비행기 표를 한번 날려버려야 하는 아쉬움 끝에 뱃길로 찾아갔던 그의 집. 갈망의 끝에는 항상 단비가 기다려주는 것인지도 모른다. 562쪽이나 되는 깨알 같은 긴 책을 읽었기에 그의 생애에 감동, 존경, 애정, 안타까움, 경탄을 갖고 있었다. 몹시도 그리던 애인을 건성으로 보고 온 느낌이었다. 아니, 못 볼지도 모르는 위기를 넘기고 간신히 보게 된 애인의 무표정. 깊은 포옹도, 한 마디 대화도 나누지 못하고 급히 그의 집을 떠나온 아쉬움이 남는다. 그리고 그에 대한 생각을 지우지 못하고 그에 관한 소설 [대륙의 영혼 최 재형]을 한 번 더 읽었다.

노비의 아들. 최재형. '그가 만일 그의 고향 함경도 경원 땅을 떠나지 않았다면 그의 생애는 어떻게 되었을까?' 를 생각해 본다. 그가 그의 고향 집을 떠났던 1869년 함경도는 심한 기근과 흑비로 인해 사람들은 굶어 죽기 일쑤였다. 그곳에서 나무뿌리라도 캐 먹으며 연명을 했던 이웃 사람들처럼 그렇게 살았더라면, 노비의 신분을 벗어나지 못한 채, 양반들의 폭압과 횡포를 고스란히 받고 살았을 것이다. '신분의 차이', '차별', '노비의 아들은 노비다' 신분 상승이란 있을 수 없는 일이다. 태어날 때부터 죽을 때까지 억눌리고 차별받아야 하는 열등하고 비천한 신분으로 낙인이 찍혀 있던 그였다.

그런데 러시아 우수리스크 땅을 여행하는 한국인들은 어김없이 노비의 아들 '최재형의 집' 을 찾아간다. 남은 것이라곤 하얀 건축물뿐인데도.

그곳에 가서 무엇을 얻고자 한국인들은 그곳을 찾는 것일까? 천한 신분의 노비의 아들 최재형의 집을 말이다. 나 역시 1년 전, 블라디보스토크-우수리스크 지방으로의 여행 목적의 1순위가 최재형 선생의 집을 보는 것이었다. '강한 끌림' 같은 것이었다. '매혹적인 탐구심' 이라는 말이 더 맞을지도 모른다.

노비의 아들 최재형은 양반 유림 출신 유인석, 이동휘와 어깨를 같이 하는 독립운동가의 중심에 서 있었다. 러시아 공사로 있던 이범진은 을사늑약 후 자결을 하면서 노비의 아들 최재형에게 재산을 모두 상속하는 유언장을 썼다. 동생 이범윤을 제쳐놓은 일이었다. 놀라운 일이다. 러시아 공사로 파견될 정도면 이범진은 고종 황제에게 신임을 받았다는 이야기이고 귀족 중에 귀족, 양반 중에 양반이라는 입증이다. 그런 이범진이 전 재산을 상속한 사람은 최재형이었다. 1897년 김연식을 통해 고종 황제가 최재형 선생에게 친히 밀서를 보내온 일도 있었다. 노비의 아들에게 말이다. 고종 황제도 이범진도 최재형을 노비의 아들로만 본 게 아니었다. 연해주 독립운동의 물질적인 후원을 아끼지 않았으며, 고려인들을 자식처럼 보살피고 있었기 때문이었다. 안중근 의사가 연해주에 도착했을 때, "고려인들의 집집마다 최재형의 사진이 걸려있었다" 고 기록한 바 있다.

최재형(러시아 이름: 최 표트르 세메노비치)의 별명은 '페치카' 였다. '난로' 라는 뜻이다. 고려인들에게 최재형은 '따뜻한 난로' 와 같은 존재였다.

연해주로 이주해 온 고려인들은 대부분 천한 신분의 함경도와 평안도 지방 사람들이었다. 가렴주구의 폭압과 횡포를 피해 보리밥이라도 꾹꾹 눌러 담아 배곯지 않으려 삶의 터전을 옮겨온 벼랑 끝에 몰린 사람들이었다. 그들은 배우지 못했으니, '노블레스 오블리주' 라는 것이 무엇인지를 모른다. 단지 누구나 평등한 사회, 배불리 먹고 자유롭게 살 수 있는 억압 없는 안전과 식량만 있으면 만족했다. 정직하게 일하고 일한 만큼 배곯지만 않으면 좋은 곳-그런 곳.

동토의 땅, 설원에서 그들이 꿈꾼 세상이 연해주였다. 당시 러시아는 버려진 황무지가 너무 많았기에 아시아인이나 조선인들이 와서 땅을 개간해주는 것을 환영하는 풍토였다. 그런 이들에게 러시아 국적을 주고 러시아어를 가르쳐 주며 죽지 않을 만큼의 식량까지 배급해주었다. 그들을 다스릴 관리도 파견해주기도 했다. 그런 연해주 지신허 땅으로 그의 아버지 최홍백은 최재형을 데리고 갔다. 그러나 신분 차별, 억압은 없었으나 황무지를 개간하는 건 쉽지 않아서 굶주림은 여전했다. 황무지를 개간하여 옥토로 만드는 것은 쉽지 않은 일이었다. 농사짓는 것 외에 할 줄 아는 게 없었던 지신허의 고려인들.

그러나 1차 산업인 농경 사회를 뛰어넘는 것이 최재형 선생의 운명이었는지 그는 농사꾼 아버지 집을 다시 떠난다. 그를 기다리고 있던 운명의 끈은 장사였다. 부두를 헤매다가 러시아 상선商船 선장에게 구출되고 6년 동안 항해를 하며 장사를 배운다. 처음에 그가 상선에서 한 일은 채소와 식량을 나르고 뒷설거지를 하는 일이었다. 꼬박꼬박 받은 월급을 모으기 시작했고, 항구에 배가 정박할 때마다 다른 상인들을 흉내 내며 물건을 사서 다음 항구에서 비싼 값에 팔게 된다. 상술을 익히게 된다. 그에겐 배곯지 않아도 되는 항해-돈을 벌 수 있는 항해 생활이 좋았을 것이다. 6년 만에 블라디보스토크에 돌아온 그는 3년 동안 무역을 하게 된다.

우리 일행이 러시아 블라디보스토크 항에 도착한 것은 9월 11일 오후였다. 강원도 동해여객선터미널에서 클루즈 배를 타고 704km의 뱃길을 항해했다. 25시간이 넘게 걸린 것 같다. 배 안에서 식사를 세 번이나 했다. 배 안에 마련되어 있는 식당에는 필리핀 사람으로 보이는 청년들이 일하고 있었다. 작년에 읽었던 [대륙의 영혼 최재형]의 내용이 머리를 스친다. 우리가 탄 배보다 최재형 선생이 6년 동안 항해했던 배는 훨씬 더 컸을지도 모른다. 그 배에서 아홉 살짜리 최재형이 선원들의 잔심부름을 해주고, 야채를 나르고 있는 모습이 보이는 것 같다. 우리와 다른 얼굴빛을 한 필리핀 청년은 손님들이 먹고 난 접시를 둥그렇게 원처럼 포개어 쌓아서 어깨높이로 올려서 옮기는 일을 했다. 그 청년의 순박한 눈빛. 클루즈 선박 안에서 손님들의 여행 가방을 방까지 들어다 주고 팁을 받곤 하던 검은 피부의 동남아 청년. 그 청년처럼 최재형 선생은 6년 동안 항해를 하며 배 안에서 허드렛일을 하곤 했다. 그가 나중에 안중근 의사, 이범윤, 이위종(이상설, 이 준 열사와 함께 헤이그 밀사로 파견되었던 독립투사) 등과 함께 '동의회' 를 만들어 항일독립운동의 대부가 될 것을 러시아 상선의 상인들은 짐작이나 했을까? 하얼빈 역에서 이토 히로부미를 저격하는 일을 계획하여 주도하고, 안중근 의사의 저격을 물심양면으로 후원하게 된다는 것을 러시아 상인들은 알았을까?

우리 일행이 탄 배가 블라디보스토크 항에 정박한 것은 11일 오후 2시 반이 넘은 시각이었다. 우리는 하선을 기다리며 1층 로비로 내려가서 기다렸으나, 바닷바람만 차갑게 불어올 뿐 내려줄 생각을 하지 않는다. 외국인들을 먼저 하선시킨다는 설명이다. 우리는 바닷바람을 맞으며 발 대신 눈이 먼저 블라디보스토크에 내려 본다. 감청 빛 바다색. 바다 건너 항구 언덕에는 러시아식 주택들이 즐비하다. 일본 여행에서 보았던 일본 집들이나 우리나라 주택과는 다른 모습이다. 이곳에 무사히 도착했다는 감사의 마음과 함께 눈으로 블라디보스토크를 먼저 여행한다. 항구에는 어디로 수출을 하려는 것인지, 수입해 온 물건들이 들어있는지 대형 컨테이너 박스들이 즐비하다. 6년간의 항해를 마치고 3년간 블라디보스토크 항구에서 무역을 했다는 최재형 선생 생각이 또 머리를 스친다. 블라디보스토크는 지금이나 그 시절이나 무역항이다. 블라디보스토크는 '동방을 정복한다' 는 뜻이라고 한다. 러시아의 해군기지가 있고 부동항이라는 설명 등은 그리 귀에 들어오지 않는다. 하선을 기다리며 지루한 시간이 1시간은 흐른 것 같다. 기다림의 끝은 항상 환희만 있는 것일까? 우리에게 배정되었던 선실은 소음과 한기가 심했다. 한편 생각하면 가장 낮은 자리에 최재형을 재웠을 것 같다는 생각을 해본다. 우리에게 주어진 선실-107호는 기관실 바로 위에 위치했는지 엔진 돌아가는 소리가 매우 소란했다. 한기도 느껴졌다. 고려인들이나 최재형 선생이 겪었을 연해주에서의 애환이 느껴지는 듯했다.

"여행은 편안하고 익숙한 곳을 버리고, 불편하고 낯선 곳으로 자신을 내려놓는 일"이라고 은사님이 하셨던 말씀이 생각난다. "불편하고 낯선 곳에서 낯선 풍경과 낯선 역사를 보면서 자신을 반추하고 새롭게 거듭나는 일"이라고.

'낯선 땅, 이곳 연해주에서 나는 무엇을 보고 무엇을 느끼게 될까?'를 기대하면서 우리 선조들의 아픔이 고스란히 남아 있는 그곳에 첫발을 내딛었다.

그리고 노비의 아들에서 니콜라이 2세 황제의 대관식에 참석하여 황제가 직접 하사하는 예복을 받는 영광의 인물이 되었던 최재형 선생을 그려 보았다.

우리는 12일 이른 아침, 블라디보스토크 역에서 시베리아 구간 열차를 타고 50여 분만에 우골라야 역에 내렸다. 우수리스크에 있는 한

최재형 고택

인 학교와 최재형 생가와 이상설 유허비를 보기 위해서였다. 당시 우수리스크와 블라디보스토크는 연해주 독립운동의 중심지였다. 1937년 스탈린의 고려인 강제 이주 정책이 일어나기 17년 전의 일이다. 그가 살아있었더라면, '어떻게 해서든지 그가 고려인들을 보호했을지도 모른다' 는 생각이 그의 집 앞에서 내 뇌리를 스치고 지나간다. 태극기를 들고 그의 집 앞에서 기념사진을 찍으려 하자 강한 햇살이 온몸을 때려댄다. 우수리스크의 햇살은 유난히 더 따가왔다. 온몸을 강타하는 여러 가지 생각들. 아는 만큼 보인다고 했다. 1911년 블라디보스토크 신한촌-고려인들의 한인 마을에 '권업회' 회장으로 발탁이 되었고, '권업 신문' 을 만들어 독립운동을 주도했던 일 등. 1910년 슬라뱐카로 이주하여 살다가 1918년에 이곳으로 이주했던 일은 고려인들과 호흡을 더 가까이하기 위함이 아니었을는지? 최재형 선생이 9년여 동안 살았다는 슬라뱐카 지역의 최재형 선생의 집은 흔적이 남아있지 않은 모양이다.

그가 1908년에 이주하여 1920년 4월 4일까지 2년간 살았던 그의 집. 수하노바 거리 길가에 있었다. 민가가 밀집되어 있는 마을이 아니었다. 도로변이었다. 자칫하면 못 보고 올 뻔했던 아슬아슬함이 있었다.

우수리스크 29번 학교를 방문하고 나오자, 여행사 가이드는 저녁 식사 예약시간에 맞추려면 최 재형 선생의 집과 이 상설 유허비를 볼 수 없다는 것이다. '한인 학교' 에서 시간을 너무 많이 지체했다는 것이다.

"아니 될 말씀입니다"

라고 우기며 꼭 보아야 하는 당위성을 논리정연하게 주장했더니 가이드는 식사 시간을 뒤로 미뤄주며 우리의 소망대로 안내해 주었다. 해서 볼 수 있게 된 최재형 선생의 집. 건축물에 불과한 오래된 러시아 양식의 단층집. 그곳에 가면 최재형 선생의 혼을 만날 수 있을 것 같다는 기대가 있었을까? 여정에서 그곳을 빼려던 여행사 가이드는 어디서 구했는지 커다란 태극기를 내어준다. 태극기를 펼치니 두 사람의 덩치는 가려질 것 같다. 러시아 국적을 가진 최재형 선생. 그러나 그는 한국 사람이고 우리와 피를 나눈 '동포' 라는 한 가지 마음. 한창 공사 중이던 그곳에서 오래도록 사유하면서 최재형 선생의 흔적을 더 찾아보고 싶었으나, 가이드는 우리의 발걸음을 재촉한다. 그곳에서 수이푼 강가에 세워진 이상설 선생의 유허비를 둘러보고 묵념을 올린 후 우리는 블라디보스토크에 있는 숙소로 다시 돌아가야 했다. 버스로 1시간 30분이 넘게 걸렸던 것 같다. 버스가 도로를 달리는 내내 차가 많이 흔들렸다. 지형이 고르지 않아서 러시아 도로는 울퉁불퉁하다고 하더니 실제로 차가 울퉁불퉁 흔들렸다. 차창으로 쏟아져 들어오는 우수리스크의 따가운 햇살. 눈이 부셔서 눈이 따가울 정도였다. 이곳은 늪지대가 대부분이어서 논농사가 쉽지 않다고 한다. 석양 속에서 러시아의 들판 풍경이 말없이 늦은 오후를 졸고 있는 것 같다. 블라디보스토크 시내에 접어들기까지 직선뿐인 도로를 달렸다.

여러 가지 생각들이 꼬리를 물고 스쳐 지나간다. 바람의 꼬리에도 할 말은 남아 있듯이, 최재형 선생의 넋이 이곳 우수리스크와 연해주 일대를 떠돌고 있지는 않을는지. 바람 부는 대로 시베리아를 휘돌아 러시아를 찾아오는 우리 한국인들의 옷깃을 스치고 계시지는 않을지? 우리가 달렸던 그 도로가 혹시 최재형 선생이 감독관(통역관)이 되어 건설해 준 그 도로는 아닌지? 작년에 읽었던 책의 내용을 떠올리며, 블라디보스토크-안치헤-두만강에 이르는 국도 건설에 기여가 컸던 노비의 아들을 또 생각했다. 수천명의 고려인들이 도로 건설 노동에 동원되었다. 노임도 제대로 받지 못하고 착취당하는 고려인들을 유창한 러시아어로 항변하여 밀린 임금을 모두 받아주고 노동에 성실히 임할 것을 지도했던 최재형이었다. 러시아 정부는 최재형의 탁월한 통솔력과 정직한 일 처리를 높이 칭하하며 두 차례나 공로 훈장을 준다. 노비의 아들 최재형이 이루어낸 놀라운 일이었다. 그 후 최재형 선생은 모든 고려인들의 대부가 되었고 아버지이며 난로가 되었다. 누구에게나 따뜻하게 난로처럼 대했던 노비의 아들. 대부호였으나 헐벗은 고려인들을 하대하지 않고, 그들의 생명과 재산을 지켜주고 융성하게 하려고 애썼던 고려인들의 아버지. 그는 아직도 연해주 대륙에서 까레이스키들의 대부가 되어 바람과 갈대와 햇살 속에 살아있을 지도 모른다.

길가에서 본 최재형고택

꿀 대신 '모자'

- 우수리스크 최재형 선생 집

1.

요즘 아침 식사 때마다, 러시아에서 사 온 프로폴리스 꿀에 식빵을 찍어 먹는 새로운 습관이 생겼다. 9월 12일 저녁으로 기억된다. 그 날 저녁 식탁에 올라온 메뉴가 참 인상적이었다. 샤슬릭 정식이라고 불렀고, 야채, 구운 돼지고기와 아무 맛도 나지 않는 도넛을 꿀에 찍어 먹었던 게 잊혀지질 않는다. 어쩌면, 그 때 테이블에서 나누었던 이야기들과 분위기를 잊고 싶지 않은지도 모른다.

그 날 최재형 고택에서 느꼈던 아득함, 이상설 유허지에서 보았던 수이푼 강의 외로움들이 폭비처럼 내 감수성을 때려대었다. 나는 이회영 선생과 최재형 선생, 이상설 선생과 까레이스키들에 대한 이야기를 친구들에게 들려주었다. 고단함과 허기가 몰려와서 말을 할 기운도 없었지만, 나는 힘주어 말했다. 내 말에 가슴 저려하며 윤 시인이 이렇게 말했다.

"난 내일 귀국할 때, 이상설 선생과 최재형 선생의 혼백을 우리나라로 모셔 갈래"
"참 아름다운 생각이십니다."
라고 내가 응수했다.

사실, 최재형 선생의 고택에서 우리가 머문 시간은 15분 정도였을 것이다. 낮에 들렀던 우수리스크 29번 김나지움 학교에서 너무 시간을 많이 유했기 때문에 최재형 선생의 고택과 이상설 유허비는 일정에서 빼야겠다고 가이드가 양해를 구해왔다.

"아니요. 그럴 수는 없습니다. 먼 뱃길을 건너 이 여행을 따라온 목적이 거기에 있었는걸요." 나의 주장이었다.

2.

최재형. 그의 이름을 알게 된 것은 작년의 일이다. 작년 8월초에 블라디보스토크와 우수리스크 여행을 계획하고 있던 나는 그곳에 대한 정보를 얻고 싶어 검색을 하다가 '최재형' 이라는 낯선 독립운동가의 이름을 처음 알게 되었다. 서점에서 그에 대한 책을 검색하여 곧바로 책을 한 권 구입했다. 안중근 의사나 윤봉길 의사, 이봉창 의사만큼 널리 알려지지 않았지만, 러시아 극동지방을 여행하려면 꼭 알아야할 것 같은 당위감이 느껴졌다. 만 3년이 넘게 월간 [한국인]과, 월간 [순국]에 독립운동가에 관한 여행 수필을 연재해 오고 있던 내게 그는 그냥 스치고 지나갈 수 없는 인물이었다.

562쪽이나 되는 두꺼운 소설-이수광의 역사 소설을 읽으면서, 책을 손에서 놓을 수가 없었다. 함경도 경원에서 노비의 아들로 태어난 최재형 선생. 그런 그에게 러시아 정부에서는 두 차례나 공로 훈장을 준다. 신망 받는 러시아의 행정가가 되어 '니콜라이 대관식' 에 초대되어 예복을 하사 받는 화려한 그의 일대기. 그리고 1920년 4월 4일 러시아의 대부大富인 그는 일본군의 손에 의해 총살당함으로써 생을 마감한다. '4월 참변' 이었다. 그의 일대기에 대해서 속속들이 읽고, 지난 역사에 대해 추적해보았던 지난여름. 최재형 선생에 대한 글을 쓰고 싶은 나의 부푼 욕심은 이뤄지지 않았었다. 러시아 지역으로의 여행이 위험하니 여행을 자제하라는 뉴스를 들었기 때문이다. 나는 여행 경비의 30%의 위약금을 물고 여행을 포기해야 했고 마음이 아쉬웠다.

그러나 하늘은 내게 다시 기회를 주었고, 지난 9월 여름의 끝자락을 붙잡고 나는 강원도 동해항에서 러시아 블라디보스토크항으로 가는 클루즈 배에 여행의 닻을 올릴 수 있었다. 최재형 선생의 집을 찾아가 글을 쓰고 싶다는 나의 열망은 꼭 1년 만에 이루어졌다.

가이드의 계획을 꺾고 찾아갔던 최재형 선생의 고택. 그곳엔 [최재형 선생의 집]이라는 한글로 쓰인 글자와, 태극기와 러시아 국기가 나란히 네모 판 안에 새겨져 있다. 하얀 벽돌집이다. 벽돌 위에 붙여진 알루미늄 도화지 크기 정도의 표지판. 그곳에서 한글을 발견한 게 참 고마운 일이었다.

그 집에서 최재형 선생은 일본에게 피체되었고, 왕바실재 산기슭에서 총살을 당했다. 그가 생을 마감하기 전까지 마지막으로 기거했던 집이었다. 그날따라 강렬하기로 유명한 우수리스크 햇살은 그의 집 마당에 폭포처럼 내려 쪼였다. 그 햇살 속에서도 함께 간 친구들은 저마다 태극기를 펼쳐들고 사진을 찍고 싶어 한다. 엄청나게 큰 부를 누렸던 최재형 선생.

나이 차이는 많이 나지만, 사상과 정서가 일치하여 항상 다정하게 지냈던 엘레나. 그의 유해를 묻은 곳을 일본은 끝내 가족에게 알려주지 않았다. 가족의 품으로 곱게 양도해 주지도 않았다. 유해가 어느 곳에 버려진지도 모른 채, 가족들은 가슴을 쥐어뜯어야 했다. 가족들은 최재형이 총살당한 집과 마을을 떠나고 싶었으리라. 가족들은 곧 그 집에서 이사를 했고, 그 집은 러시아인에게 팔렸다. 한국인 여행객들이 최재형 선생의 생애를 가슴 아파하며 그 집을 찾아올 때마다, 러시아인은 "시끄럽다"고 고함을 지르며 한국인들에게 돌을 던지곤 했다. 결국 한국 정부에서는 2억을 들여 그 집을 매입한다. 우리가 그 곳을 찾아갔을 때 한참 공사 중이었다. 덩치 큰 러시아 인부들이 마당에서 벽돌을 나르고, 나무판자를 잘라가며 공사를 하고 있었다. 그 집의 겉 뼈대는 그대로 살려 놓고, 내부 공사를 다시 해서 그의 기념관으로 꾸밀 거라고 했다. 그 기념관이 완공되면 또 다시 와 보고 싶다는 생각을 해본다. 그가 살았던 안치헤 집이나, 슬라반카 집(1911년 이주)은 자취를 찾지 못하고 있는 것 같다. 니콜스크 우수리스크 수하노바 거리에 그의 마지막 거주지(1918년 이주)가 남아있어서 참 다행이다. 그는 그 집에 이사 온 지 2년 만에 대륙의 바람이 되었다.

동토의 아침

姜 笑 耳

노을빛 더운 피는 호랑이의 입아귀만큼 목멘 배고픔이었다
먹이를 찾아 떠났던 설한의 연해주
우주의 꼭지점에 맨발로 바람을 헤집고 북으로 북으로 걸었다

노비의 이름을 지우고 꾹꾹 눌러 담은 보리밥이라도
고향땅 이팝나무 하얀 꽃잎처럼 흰쌀밥 배불리 먹자고
곡괭이를 잡던 구릿빛 팔뚝의 서러운 숟가락질
배고픔 삭은 아무르강이 묻히던 날
시베리아 흰 두루미 꺼억 꺼억 겨울을 났을 것이다

9세 때 아버지를 따라 연해주로 망명을 갔던 가난하고 불우한 태생의 최재형. 노비의 아들이라는 신분 차별과 가난과 억압의 땅, 자신의 고향을 그는 떠났다. 그리고 노우키예프스크(지신허) 자갈밭을 갈며 농사를 지으라고 하는 아버지 친부의 집을 떠났다. 아침엔 러시아 학교에 가서 러시아어를 배우고 저녁에 돌아오면 척박한 땅을 일궈야했던 최재형. 형수의 구박이 심해서 가출을 한 게 11세였다고 전해지기도 한다. 아버지의 집까지 떠난 그는 러시아 상선(商船)을 타고 6년 동안 항해를 한다. 지구를 몇 번씩 돌면서 상술을 배우고 선장 부인에게서 중국어와 불어까지 배운다. 함경도 노비의 아들이 세계와 세상에 대한 눈을 크게 뜨는 글로벌 상인으로 탈바꿈하게 된다. 운명

이라는 게 있는 모양이다.

“자신을 떠나고 아비집을 떠나고 오늘도 떠나고 내일도 떠나 그가 한 바다에서 만나고 싶었던 것은 무엇이었을까? 동토의 땅, 설원에서 그가 보고 싶었던 것은 하얀 달맞이 꽃잎이었을까?” 추석이면 사람들은 고향을 찾아간다. 몇 시간씩 차가 밀리고 밀려도 ‘고향’을 느끼러 간다. 사람들이 고향에 가서 얻고 싶은 게 무엇이기에 교통 체증을 견뎌가면서까지 그리도 고향에 가고 싶어 하는 것일까? 그러나 최재형 선생은 떠났다. 고향을 떠났고, 고국을 떠났고, 생부를 떠났다. 그리고 가슴에 큰 세상을 안았다. 러시아 대륙을 넘어 유럽을 넘어 대서양을 넘어 다시 연해주로 돌아오는 것을 반복하면서 그는 무슨 생각을 했을까? 그가 벌어서 이룬 재산이 어마어마하다고 하는데, 어느 정도였는지 숫자로 헤아리기는 힘들지도 모르겠다. 그가 블라디보스토크와 우수리스크 한인마을에 세운 소학교가 32개나 된다. 어마어마한 스케일이다.

작년에 읽었던 책 [대륙의 영혼 최재형], 562쪽에 담겨졌던 너무도 많은 이야기들. 그 이야기들을 우수리스크에 남아있는 그의 마지막 집-하얀 벽과 지붕을 본 것만으로는 만족스럽지가 않다. 무언가 풀어내야할 게 너무 많기 때문이다. 가슴이 먹먹해 온다.

가출하여 헐벗고 굶주려서 쓰러졌던 ‘포시에트’ 바닷가. 그리고 거부가 되어 고려인들-까레이스키들을 돌봐주는 한인마을의 노야(촌장)를 거쳐 안치헤 남도소의 도헌(군수)으로까지 성장한 그였다.

1919년 전로한족대표자 대회에서 이동휘와 함께 명예회장에 추대되고, 대한 국민의회에서도 외교부장에 임명될 정도였다. 그러나 그런 화려한 명예. 그가 이룬 찬란한 부와 업적이 그에게 중요하지 않았을 것 같다. 그에겐 두고 온 함경도의 조국. 러시아인의 국적을 가졌으나 그의 피는 조선인이었고, 그는 뼛속 깊이 한인이었다. 해서 자신이 이룬 부를 독립운동에 투자하고 연해주의 가난한 독립 운동가들을 돕는다.

1909년 대동공보사에서 안중근 장군, 이강과 함께 이토 히로부미 처단을 도모한 것도 최재형 선생이었다. 이토 히로가 1909년 10월 26일에 하얼빈역에서 잠시 내리게 된다는 정보를 입수하여 이토의 처단을 계획한 것도 그였다. 러시아어에 능한 최재형이기에 가능한 일이었다. 이토의 저격은 의병장 출신인 안중근 의사가 맡기로 하고, 그에게 성능 좋은 권총을 마련해 준 것은 최재형 선생이었다. 하얼빈역으로 가는 기차표를 구해준 것도 최재형 선생이었다. 안중근 의사에게 변호사를 선임하여 변호를 도운 것도, 안 의사 처형 후 안 의사의 가족을 돌봐준 것도 최재형 선생이었다. 여기서 그치지 않고 수천 개의 총을 구입하여 산에 묻었다가 일본과 무장 항쟁을 하고, 승리로 이끌기도 했던 최재형 선생이었다.

그런 선생의 뜻을 받들고 사상이 일치했던 둘째 아내 엘레나. 귀엽고 사랑스러운 아내와 도란도란 말년을 보냈을 그의 마지막 집. 아내와 독립운동에 관한 것도 의논하고, 까레이스키들 돌보는 것도 의

논했을 우수리스크의 최재형의 고택. 그곳에서 15분 정도 머물면서 난 아무 생각을 하지 못했다. 거부의 발자국. 거인의 발자국은 '건국훈장' 으로 남아있지만, 사회주의 계열이었기에 크게 부각되지 않은 그의 족적에 노블리스 오블리즈를 읽는다.

이범윤 이위종 안중근과 함께 '동의회' 를 조직하고 '대동공보' 를 만들었던 최재형이었다. 고려인들을 위해 '권업회' 를 만들고, 그것으로 모자라 '권언신문' 을 만들어 독립을 위한 정성을 쏟고 또 쏟았던 최재형 선생의 끝없는 나라 사랑을 생각하며, 그의 집을 볼 수 있었던 우수리스크 여행을 떠올릴 때마다 대륙의 영웅, 최재형 선생이 떠오를 것 같다.

3.

한국으로 돌아오는 선박 클루즈 면세점에서 나는 러시아산産 꿀 한 병을 샀다. 러시아에서 꿀에 빵을 찍어 먹으며 최재형 선생에 대해 시인 친구들과 나누었던 시간을 추억하고 싶어서. 면세점은 루블은 받지 않고 한화韓貨만 받았다. 꿀 몇 병을 더 사고 싶었으나, 지갑엔 한화가 별로 없다. 진열장 높은 곳에 디스 플레이된 '모자' 를 꿀 대신 하나 샀다. 모자를 사다 달라고 부탁했던 친구를 떠올리면서, 안중근 의사와 최재형 선생의 의리를 생각했다.

(2017. 10.)

어느 노비의 꿈

사람은 꿈을 먹고 산다. 발해의 꿈은 멸망한 고조선의 국토와 국권을 회복하는 일이었다.

고조선과 고구려, 발해 시대까지 우리 민족이 지배해 오던 땅, 연해주. 그곳의 한 곳엘 갔다. 블라디보스토크와 우수리스크였다. 일행들 40명과 함께 하지 않았다면, 블라디보스토크에서 기차를 타고 하바롭스크를 거쳐 이루크츠크까지 가 보았을 것이다. 하바롭스크 박물관에 가서 우리 선조들의 온돌 구들장도 보고 하바롭스크의 아름다운 경관도 보았을 것이다.

2016년 여름, 아주 햇볕이 뜨겁던 날, 난 한 친구를 만났다. 블라디보스토크 여행을 계획했다가 포기했다고 했더니 "하바롭스크에 함께 가자"라고 했다. 블라디보스토크 여행을 다녀온 그 친구와 "러시아"를 연결 고리로 쉽게 친해졌다. 그러나 함께 가자는 말은 뜬구름이 되어 버렸고, 그 약속을 받은 지 정확히 14개월 후 나는 시인 단체에서 극동 여행을 가게 되었다. 그리고 그 친구에게 모자를 세 개나 사다 주었다. 번쩍번쩍 훈장이 달린 해군 모자와 면으로 된 챙 모자, 토끼털이 들어있는 털모자까지. 그리고 나는 러시아 다른 지역으로의 여행을 혼자 꿈꾸고 있다. 광활한 시베리아 벌판을 달리고 싶다는 꿈.

발해의 꿈은 무엇이었을까? 아무에게도 간섭을 받지 않고, 지배나 통압을 받지 않는 땅. 신분 차별과 빈부의 차이가 없는 땅. 노블리스 오블리즈들의 꿈의 땅. 아나키스트들의 꿈의 땅. 어쩌면 독립운동가 최재형 선생도 노비의 신분을 벗고 굶주림을 벗어나고자 두만강을 넘어 연해주 땅으로 망명을 갔는지도 모른다.

조상 대대로 부러울 것 없는 명예와 부를 누렸던 우당 이회영 선생도 몇백억 재산을 모두 팔아 국경을 건너갔는지도 모른다. 국경을 넘어 연해주로 삶의 터전을 옮겼던 고려인들의 꿈도 하나였을 것 같다. 그 꿈을 이루고 싶은 이들은 나날이 늘어 몇십만 명이 신한촌에 모여 살게 되었던 것일 거다. 극장을 짓고 문화생활을 누릴 만큼 나름의 꿈을 이루었던 이들. 까레이스키들의 꿈.

그러나 러시아의 동방정책은 시베리아를 거쳐 알래스카와 연해주까지 뻗어 나갔고 발해의 꿈은 허허벌판에 갈대숲으로만 남게 되었다. 발해 성터라고 불리는 곳을 들르지 못한 아쉬움이 남는다. 수이푼 강가에 서 있던 이상설 선생 유허비에서 그리 멀지 않다고 했는데…. 아쉬움이 남아야 다음 여행을 꿈꾸게 될지도 모른다. 고구려가 망하고 고구려의 옛터에 민족의 웅비를 다시 펴고자 했던 대조영의 꿈은 너른 풀밭으로만 남아 있다. 우리의 땅이었던 곳을 빼앗긴 후에 다시 찾아가 회한을 남긴들 마음만 아플지도 모른다. 그보다 더 원대한 꿈을 이루기 위해서 돌진하고 내일의 문을 여는 게 더 현명할지도 모른다.

"꿈꾸는 대로 이뤄진다"라고 했다. 까레이스키들이 꿈꾸며 연해주를 찾았던 그들의 열망과 소원은 아름다웠다. 신분과 성별은 물론 민족이나 인종까지 뛰어넘어 자유와 평등을 누리고 싶었을 그들. 그들은 미처 배우지 않았어도 그것이 '아나키즘' 이고 모든 인간이 열망하는 '열린 마음' 이라는 걸 일찍이 미리 깨우친 선각자들이었는지도 모른다.

그들이 러시아인 국적을 갖고 어디에서 무엇을 하며 살더라도, 한국어를 잊어버리고 러시아어 밖에 할 줄 모른다고 해도, 그들의 피 속에는 한국인의 피가 흐르고 있다. 해서 한국을 동경하고 한국을 그리워하는 움직임이 보인다. 그들 중에는 우수리스크 29번 김나지움 학교와 같은 한인 학교에서 '한국어 교습' 을 받으며 한국의 뿌리를 찾고자 하는 것처럼. 그들은 꿈을 이루기 위해서 오늘도 노력한다. 우수리스크에서 블라디보스토크에 있는 숙소까지 1시간 30분이 넘는 시간을 버스로 이동했다. 늦은 오후, 석양에 눈이 부셔왔다. 창밖으로 내다보이는 들판으로 풀들과 늪이 군데군데 보인다. 도로는 끝없이 달리고 달렸다. 어쩌면 이 도로를 놓는 데도 고려인들이 공사에 동원되었을지도 모른다는 생각을 하면서 고단한 오후 햇살을 내다보았다. 그저 아픈 마음이다. 무거운 막노동에 동원되어 '노동 영웅'으로 고단한 삶을 살았을 까레이스키들. 그들의 꿈은 '차별 없이 인간다운 대접을 받으며, 배불리 먹고 사는 평등과 자유의 세상-누구나 열망하는 꿈의 세상이 아니었을까?'

다음에 러시아 여행을 또 하게 되면, 두꺼운 털모자를 하나 더 사오고 싶다. 마음이 추운 누군가에게 따뜻한 모자 하나 씌워주고 싶다.

(2017.10.)

독립운동가
국경을 넘어 숨을 만나다 3

2021년 6월 9일 초판 1쇄 인쇄
2021년 6월 18일 초판 1쇄 발행

저 자 | 강 소 이
발행인 | 이 승 한
편집인 | 이 수 미
발행처 | 엠-애드
등 록 | 제 2-2554
주 소 | 서울시 중구 마른내로 8길 30 2층
전 화 | 02) 2278-8063/4
팩 스 | 02) 2275-8064
이메일 | madd1@hanmail.net

ISBN 978-89-6575-135-9(03810)

값 15,000원